公共体育服务与民生幸福指数研究

基于江苏省公共体育服务发展实践的考察

乔 均 杨靖三 胡 娟 著

中国财富出版社有限公司

图书在版编目（CIP）数据

公共体育服务与民生幸福指数研究：基于江苏省公共体育服务发展实践的考察 / 乔均，杨靖三，胡娟著 . —北京：中国财富出版社有限公司，2024.1

ISBN 978 - 7 - 5047 - 7469 - 9

Ⅰ . ①公…　Ⅱ . ①乔… ②杨… ③胡…　Ⅲ . ①群众体育—公共服务—研究—江苏　Ⅳ . ①G812.4

中国版本图书馆 CIP 数据核字（2021）第 125345 号

策划编辑	李彩琴	李　丽	**责任编辑**	邢有涛	郭怡君	钮宇涵	**版权编辑**	李　洋		
责任印制	尚立业		**责任校对**	孙丽丽			**责任发行**	杨　江		

出版发行	中国财富出版社有限公司
社　　址	北京市丰台区南四环西路 188 号 5 区 20 楼　　　　**邮政编码**　100070
电　　话	010 - 52227588 转 2098（发行部）　　　010 - 52227588 转 321（总编室）
	010 - 52227566（24 小时读者服务）　　010 - 52227588 转 305（质检部）
网　　址	http：//www.cfpress.com.cn　　**排　　版**　宝蕾元
经　　销	新华书店　　　　　　　　　　　　　　**印　　刷**　北京九州迅驰传媒文化有限公司
书　　号	ISBN 978 - 7 - 5047 - 7469 - 9/G·0754
开　　本	710mm×1000mm　1/16　　　　　　**版　　次**　2024 年 1 月第 1 版
印　　张	10.75　　　　　　　　　　　　　　　**印　　次**　2024 年 1 月第 1 次印刷
字　　数	176 千字　　　　　　　　　　　　　　**定　　价**　68.00 元

目　录

第一章　幸福概念的研究综述

人民日益增长的美好生活需要和不平衡不充分的发展之间的矛盾，已经成为我国社会的主要矛盾。增进民生福祉是发展的根本目的，为顺应这一历史性变化，公共体育服务必须思考如何在发展中保障和改善民生幸福。随着时间推移，幸福的内涵也在发生变化。不同国家和不同民族，在经济发展的不同阶段对幸福均赋予了不同的含义。

第一节　幸福概念界定综述

最早关于幸福的讨论可以追溯到古希腊时期，古希腊哲学家亚里士多德说过，人的本源就是追求幸福，而追求幸福就是人类存在的目的。幸福是人类固有的天性，人人都有追求快乐的本性（余纪元和朱清华，2003）。

古希腊哲学家苏格拉底认为，幸福的本源就是追求智慧，他认为一个人掌握的智慧和知识的多少与其幸福感成正比。柏拉图认为幸福与"善"有关，它是"善"的升华。到了18世纪，英国伦理学家边沁（Jeremy Bentham）第一次提出了是否可以对幸福进行测量这个问题并提出了幸福的估量方法（王艳琴和李荣坤，2007），这是学术界第一次将幸福纳入科学范畴。

20世纪50年代，幸福指标的测量成为学术界的研究热点。最早提出"幸福"概念的是美国经济学家萨缪尔森（Paul A. Samuelson），他认为幸福与一个人的欲望成反比，与其效用成正比，幸福是效用和欲望的比值。这一开创性研究使人们对于幸福的测量有了新的认识。自此之后，大量学者开始对如何测量幸福进行了探讨。例如，Neugarten 等（1961）的"生活满意度量表"等。经济学领域的幸福研究主要是从经济的角度去测量幸福，所用数据多为客观数据。

到了 1970 年，将"幸福"纳入研究并采用定量分析的是亚洲的不丹，不丹与我国接壤，深受中国藏传佛教的影响。不丹虽然经济相对落后，但是人民很幸福，因此有研究者提出 GDP（国内生产总值）不能充分衡量一个国家真正的发展情况，并提出了国民幸福总值（Gross National Happiness，GNH）的概念，主张用这一指标来代替 GDP。同时，有研究者认为政府的政策不应该聚焦于 GDP，而应该聚焦于幸福，并以实现幸福为目标。不丹发展经济的同时，人民的幸福感持续上升，这引起了国际上对于幸福的关注。

综上所述，幸福是以人为本的体现，结合我国国情研究幸福具有突出的现实意义。

国外对于幸福的研究起源于心理学。Wong 和 Csikszentmihalyi（1991）认为，幸福来源于人的乐观、善良、好奇心等，同时人可以参与一些活动，使自己更强大、更满足。但是，心理学上的幸福和满足不同，幸福取决于个人对生活的欣赏，而满足则与个人对生活的控制程度有关（Veenhoven，1996），幸福是人们对于客观现实生活满足状况的一种主观反应和心理体验（Thinley，1999）。Diener 等（1997）对幸福进行了界定，指出幸福是一种内在评价与期望的存在状态。他强调幸福是一种主观心理感受，是客观事实与主观心理相互作用的结果。Oishi 等（2013）的研究认为幸福是对人生的整体欣赏，是一个人当下整体生活质量的感知程度。

国内对幸福的研究起步较晚。邢占军（2007）对幸福进行了界定，他指出幸福即幸福感是人们为了达到预期的目标或人生理想而为之努力奋斗的过程，以及实现预期目标或人生理想时感到满足的心理状况和心理体验。幸福是一种心理状态，是个人对于客观世界的主观心理作用，这种作用既与其生活环境、生活条件等因素息息相关，又与个人价值密不可分。

袁跃和甄国栋（2013）赞同此种观点，认为幸福主要是指人类在他们的人生旅途中，在实现其预定目标和人生理想的过程中，以及实现这些既定目标和人生理想时，所感受到的满足的心理状况和心理体验等。幸福是一种心理体验，它表达的不但是国民对自己的客观生活条件以及所处状态的一种事实判断，而且是国民对于生活的主观意义和满足程度的一种价值判断（梁文荣和高孝娥，2010）。

万俊人（2011）通过实证研究指出，幸福主要是指人们对他们的生活状态满意程度的一种主观感受，是对生活的一种主观评价，也是心理欲望得到较好满足的一种状态，人们通常将这种状态理解为幸福感。

黄华锋（2011）提出，幸福感是指国民评价他们自己生活状况的一种主观感受，表达的是国民对生活各方面状态的满意程度。

万俊人（2012）认为幸福是一个比较主观的词语，他认为幸福是一种生活状态，是一种人们对生活经验的主观感受，当然也是一种生活价值观念。

陈艳丽（2013）认为幸福即幸福感，是人们朝着预定目标、人生理想奋斗的过程以及在实现预定目标、人生理想过程中所感到的满足的心理状况和心理体验。

龚一萍（2015）比较了国内外不同的幸福定义，指出对中国人来说，幸福是一种共享、简约与和谐的理念，是一种偏理性的主观感受。

综上所述，国外对于幸福的界定主要是从伦理学和经济学角度出发的，因此在人们对幸福的定义中，往往会出现收入、乐观、善良、好奇心等词语。国内对于幸福的研究大多借鉴了国外的研究，也结合了我国国情，在幸福的定义中更多地出现了满足、理想、和谐等具有中国特色的词语。由此可见，不同文化背景下的学者对于幸福内涵的理解不同（Diener 等，1995；Suhail 和 Chaudhry，2004；Helliwell 等，2012；Diener 和 Chan，2011）。但国内外学者都认为幸福是人们对客观世界的主观感受。

本研究借鉴已有研究成果对幸福的理解，指出体育已经成为民生幸福的组成因素之一，将幸福界定为人们对其客观生活环境和公共体育服务感到满足的主观心理体验和心理状态，是一个人获得感和满足感的体现。

第二节　幸福的内容及特征

幸福的测量成为 20 世纪 50 年代美国学术界的热点。美国学者认为，幸福与欲望成反比，与其效用成正比，并得出幸福等于效用与欲望之比的结论。国外学者较多地研究收入等经济因素对幸福感的影响，认为收入增加是幸福感增加的主要因素。但是，也有部分学者认为经济因素和人的幸福感并不总是成正比。Easterlin（1974）发现，当时美国的经济正在大幅上升，人们的幸福感却在小幅下降，因此得出结论：收入超过一定水平时，经济因素将不再对幸福感造成影响。Stevenson 和 Wolfers（2013）的研究进一步证实了 Easterlin 的结论。还有一些学者（Haggard 等，2013）认为，并不是经济使幸福感下降，而是经济不平等、不公平现象导致了个人主观幸福感的下降。Kahneman 和 Deaton（2010）研究了低收入是如何影响幸福感的，他们发现低收入加剧了人情绪上的痛苦，并且造成离婚、身体不健康和孤独等，使人的幸福感降低。

经济学领域对于幸福的测量有一个不可忽视的缺陷，那就是从经济理论角度研究幸福过于客观主义。虽然主观主义具有个体性，效度不高，但不可否认，人们的主观判断对幸福的影响不可忽视。因此，心理学领域的学者开始对幸福进行深入的研究。

Veenhoven（1991）通过直接询问人们对于美好事物的想象，甚至直接询问人们是否幸福，调查人们的幸福状况。诺贝尔经济学奖得主卡尼曼（Daniel Kahneman）等人提出日重现法，用以测量幸福感。这是一种主观的测量方法，这种方法将时间预算和体验取样结合起来，利用专门为减少回忆偏差而设计的程序，系统地重现受访者一天的活动和体验，评估人们的幸福感。

不丹比较成功地提出了"幸福"的概念，提出了幸福指标体系（邢占军，2013），并将之从经济发展、环境保护、文化发展、政府善治 4 个方面，发展到 9 大领域数十个指标。自从不丹的指标体系诞生以来，世界各国纷纷依据各自的国情建立了各自的幸福体系。

美国密歇根大学教授 Ronald Lnglehart 公布的幸福量表在国际上具有较大影响。该量表的幸福评价体系可分为 4 个等级，即非常幸福、十分幸福、不太幸福、不幸福。该体系通过对被访问者的答案进行相关统计处理，从而得出幸福度。英国前首相卡梅伦也曾要求英国国家统计局制定出一系列评估幸福的方案，将幸福度作为英国政府制定和评价公共政策的一个重要参考指数。该指数由生活满意度、预期寿命及生态足迹（或碳足迹）构成。法国前总统萨科齐在 2009 年倡导成立"经济绩效和社会进步测度委员会"，该委员会包括来自 5 个国家多个领域（包括经济学、政治学、心理学等领域）的 25 位杰出的社会科学学者，其中还包含 5 位诺贝尔经济学奖得主，试图从更多方面评价社会进步与幸福的问题。

国际性组织也考虑到了幸福的重要性。经济合作与发展组织率先将收入、就业、住房、教育、环境、卫生、健康、社区生活、机构管理、安全、工作等归于幸福的衡量标准。2012 年，联合国教科文组织公布了第一份《世界幸福报告》，评估体系包括收入、健康状况、教育等指标。

许多学者在综合世界各国和国际性组织的幸福指标体系后建立相关的指标体系。Ranis 等（2006）定义的广义的幸福包括人类发展指数、工作条件、休闲条件、社会关系、社区福利、心理福利（个人心理状态）、经济稳定（避免经济波动）、环境条件等。Easterlin 等（2012）通过对 1990—2010 年中国的主观幸福感进行持续研究，得出了经济与幸福不对等的结论。

国内对于幸福组成的研究可以分成两类，即客观幸福研究和主观幸福研究。早期国内学术界对幸福这一概念的研究主要基于在经济学方面对幸福的研究，客观幸福研究以定量研究为主，建立指标的目的是希望它像 SQ 量表一样具有可操作性。因此，这一时期客观幸福研究的代表学者所选取的客观幸福维度由经济发展水平、人口与就业结构、人民生活水平和生活环境水平 4 个指标构成。

周四军和庄成杰（2008）选取了 25 个幸福的定量化指标（这些指标均可以从政府出版的统计年鉴中查询到）进行研究，建构了国民幸福指数评价指标体系。该指标体系是一种客观指标体系，它采用距离评价法进行计算。其开发的研究公式是：民生幸福 = 经济发展水平指数 × 对应权重 + 人口与就业结构指数×对应权重+人民生活水平指数×对应权重+生活环境水平指数×对应权重。

朝克等（2016）也从客观幸福的角度对幸福测量进行了研究。他们参考了不丹早期对于幸福指标体系的构建，选取了经济因子、社会因子、人口因子、环境因子4个二级指标，并在其三级指标中选取人均可支配收入、人均GDP、人均净收入、城乡消费水平、人均住房使用面积、人均拥有汽车数量、城市化率、出生率、森林覆盖率、人均碳排放量等21个指标，研究了中国1990—2001年民生幸福的变化。

蔺丰奇（2006）提出幸福的计算指标主要包括社会生产总值指数、社会健康指数、社会福利指数、社会文明指数和生态环境指数等。

嵇月婷、林艳（2012）通过对国内外学者的研究进行总结，并综合考虑数据的重要性和可获得性，选取了失业率、互联网使用率、基尼系数、离婚率、自杀率、接受中等教育的男女比例、人均GDP和CPI、二氧化碳人均排放量8个指标对幸福进行测量。

主观幸福是相对于客观幸福而言的，其主要起源于心理学。主观幸福是个体自身对于生活质量的总体评价，这种评价包括认知和情感两个方面。主观幸福具有3个特征。①主观性，即以评价者内定的指标体系进行测量，每个人对于幸福的评价都是不同的，得出的结果也是不同的。②稳定性，即对幸福的测量有较好的效度，测量多次也不会出现过大的偏差。③整体性，即要从整体去考虑这个问题，在认知和情感上都要进行测量。

国内研究主观幸福的代表人物是邢占军。邢占军构建的主观幸福指标体系包括知足充裕体验、心理健康体验、成长发展体验、社会信心体验、目标价值体验、自我接受体验、人际适应体验、身体健康体验、心态平衡体验、家庭氛围体验10个次级指标。邢占军用该指标体系对我国国有大中型企业员工、沿海省会城市居民、大学生群体、女性群体、青年群体等人群与主观幸福之间的关系进行了实证研究。此外，邢占军从不同的层次考察了居民收入、社会支持、婚姻状况、生活质量、年龄等因素对于主观幸福的影响，并且得出一些有积极意义的结论。

李杏（2008）主要从物质和精神两个层面进行研究，构建了收入就业、公共安全、环境保护、居住状况等15个一级指标和44个二级指标，其中最主要的幸福指标是居民的主观感受。

罗楚亮（2006）在探析就业、社会保障等因素与幸福的关联时，构建了包括生存状况、生活质量、身心愉悦、幸福感比较和人际关系以及个体与社会的和谐程度5个二级指标和59个三级指标的指标体系。

评估幸福感不能单纯考虑经济或者心理因素，它往往是两者共同作用的产物，目前大部分学者赞同这一观点。庄连平、李晶（2008）将主、客观因素综合起来，将幸福与居民经济收入、性格人格、社会文化发展、家庭幸福等因素结合起来考虑，通过相关性分析，建立了相关幸福指标体系。刘军强等（2012）利用CGSS分析了2002—2012年经济增长对幸福感的影响，发现经济对不同社会背景、不同城市居民的幸福感有着不同程度的影响。奚恺元等（2006）领衔中欧国际工商学院对中国10大城市居民的幸福感进行了研究，其用于研究的指标体系结合了主客观因素，具有较强的影响力。赵新宇等（2013）通过问卷调查，对幸福进行了实证分析，研究了绝对收入、相对收入和预期对公众主观幸福感的影响，其中，指标既有绝对收入等客观指标，又有感知预期等主观指标。陈惠雄和刘国珍（2005）将主、客观因素结合起来，构建了快乐指数体系，主观因素包括个人人际关系、心理健康状况、个人精神状况等，客观因素包括人均可支配收入、人均住房面积、恩格尔系数等。各种因素和权重相乘可以得出快乐指数。

幸福可以分为宏观层次的幸福和微观层次的幸福。宏观层次的幸福是从国家的角度来看的全体国民的幸福。国内关于宏观层次幸福的研究，是为了更好地实现小康社会，中国社会科学院（倪鹏飞，2009）考察了生存环境、婚姻状况、家庭幸福等因素，形成了《中国城市竞争力报告No.7》。2004年，中国社会科学院进行了一次全国性的幸福抽样调查，涉及社会健康指数、社会福利指数、社会文明指数和生态环境指数等28个指标。

罗楚亮（2006）基于城乡分割、就业状况与主观幸福感差异研究了城市居民和乡镇居民幸福感的差异性。蔺丰奇提出了由社会健康指数、社会福利指数、社会文明指数、生态环境指数4个指标组成的国民幸福总值指标体系，其计算公式为GNH＝生产总值指数×$a\%$＋社会健康指数×$b\%$＋社会福利指

数 $\times c\%$ +社会文明指数 $\times d\%$ +生态环境指数 $\times e\%$ 。

微观层次的幸福研究是指对一个单位、一个企业或一个行业等进行的幸福研究。邢占军等学者对我国国有大中型企业员工（2001）、山东省居民（2003）、山东大学生群体（2005）、城市女性群体（2007）、企业职工（2001）等人群与主观幸福之间的关系进行了比较研究。张静平、叶曼、朱诗林（2008）通过国内外研究得出了幸福测量量表，然后以回归分析和路径分析为研究方法来研究贫困地区老年人的幸福感及其影响因素。唐毅（2008）以实证研究的方式，测量了当代高校教师幸福感的影响因素。姚晓宁、黄红云（2010）以武汉市公务员为研究对象，通过自我开发的量表，研究公务员幸福的影响因素，并且用马斯洛需求层次理论去解释其结果。方轻（2011）对厦门市处级干部的幸福感进行了问卷调查，结果显示厦门市处级干部幸福度高达 96.7%，接着其分析了幸福感得分高的原因。

综上所述，国外研究者在研究幸福时，主要集中在收入、人格、年龄、婚姻、社会资本等因素与幸福的关系上。国内对于幸福的研究，借鉴了国外学者的研究，其中以周四军为代表的客观幸福研究主要受经济学领域的幸福研究影响，其指标构建以经济因素为主要影响因素；以邢占军为代表的主观幸福研究主要受心理学领域的幸福研究影响。本书在已有研究的基础上，重点强调公共体育服务及其相关制度安排对于幸福指标体系具有的突出影响，认为幸福指标构建应包括经济、心理和与健康相关的公共体育服务等相关内容。目前国内外对幸福的测量指标中尚未涵盖公共体育服务。因此，本书的研究有很强的现实意义。

第二章　民生幸福指数研究综述

幸福指数反映的是人们的生活水平，以及人们对生活是否感到满足和快乐。幸福的内涵广泛，既有经济方面的内容，也有健康和精神方面的内容。随着社会的发展，人们越来越关注幸福感。公共体育服务与大众健康需求、体育需求息息相关，对民生幸福指数研究具有不可替代的作用。

第一节　民生幸福概念研究综述

20世纪70年代，不丹人认为政策应该关注幸福，并应以实现幸福为目标，人生基本的问题是如何在物质生活和精神生活之间保持平衡。在此种执政理念的指导下，不丹创造性地提出了由政府善治、经济增长、文化发展和环境保护组成的国民幸福总值（GNH）。邢占军（2013）指出，国民幸福总值这一概念强调国家的公共行动应当推动福利的拓展与民众真实幸福的提升，而非当时多数国家关注的通过经济增长来实现物质的扩张。周四军、庄成杰（2008）认为，民生幸福指数（NHI）包括经济、环境、人口和社会因素。

不丹提出国民幸福总值的概念，并以"经济增长""环境保护""文化发展""政府善治"为支柱，将其细化为"心理幸福""生态""卫生""教育""文化""生活标准""时间使用""小区活力""良好的管理状态"9大领域，每个领域又有相应的指数标准，据此而开发出幸福指标体系。每隔两年，不丹都会对这些指标进行评估修正，以期与实际情况保持一致。依据最初设定的指标，不丹的民生幸福度高达97%，即有97%的不丹人民感到幸福，这一情况受到世界瞩目。但也存在不同的声音。有观点认为，不丹国民已逐渐背离传统价值观，重视物质享受，对幸福感的认知出现偏差。一些国家研究机构和学者针对"不丹模式"进行了研究与实践。美国的世界价值研究机构开始了"幸福"研究；英国则创设了"国内发展指数"（MDP），该指数考虑了社会、环境成本和自然资本对幸福的影响；经济学家青木昌彦认为，日本经济出现的深刻变化是难以用传统经济指标衡量的，日本也应该采用国民幸福总值。卡尼曼和经济学家联手，致力于"幸福总值"的研究。韩国的教授崔尚咏在其《未来依赖于文化力量》的论文中，也提到了与国民生产总值不同的国民文化总值的概念。

国内学者对民生幸福的研究于21世纪后开始盛行，我国学者林洪、孙求华（2013）将我国学者对民生幸福统计的研究进程划分为3个阶段。

1. 第一阶段

2001—2004年，民生幸福指数被提出。

学者钟永豪、林洪、任晓阳（2001）将幸福研究从个体观察上升到总体评价，提出了个体度量—总体测度—综合指数的分析思想。他们率先提出了民生幸福指数的概念和计算方法，认为民生幸福包含除经济社会发展以外更多的内涵，这也是中国有据可查的最早从统计角度对民生幸福进行的研究。

吴淑凤（2004）研究了多元视野中的幸福理论，认为生活质量意义上的幸福研究代表了当代幸福研究的重要取向，力图对主观幸福调查建立科学而严格的标准，使幸福测量具有稳定性、可信性和有效性。

2004年，中国社会科学院进行了一次全国性幸福指数调查，数据的选取采用统计学中抽样调查的方法，即通过样本数据来推断总体的数据，具有一定的可行性。指标体系的构建则通过社会健康指数、社会福利指数、社会文明指数和生态环境指数来反映，一共选取了28个指标，最后的计算结果采用加权平均的方法获得。

2. 第二阶段

2005—2006年，民生幸福统计受到学界重视。

随着我国 GDP 迅速增长，一些社会问题日益突出。2005 年，中国科学院院士程国栋提出了一份《落实"以人为本"，核算"国民幸福指数"》的提案，建议从国家层面上构建由经济机会、社会机会、安全保障、文化价值观、环境保护等要素组成的幸福核算指标体系。

2006 年 4 月，胡锦涛同志在耶鲁大学发表演讲，明确提出要"关注人的生活质量、发展潜能和幸福指数"，表示出国家领导层对民生幸福的关注与重视。同年，国家统计局提出编制民生幸福指数的设想，北京市统计部门则在测算民生幸福的道路上先行一步。

3. 第三阶段

2007 年至今，民生幸福成为统计研究热点。随着我国经济社会的快速发展，民生幸福问题相关的统计研究逐渐深入，全国多个地区和城市的统计部门先后提出适合本地实情的幸福指标评价体系。

民生幸福既具有客观性又具有主观性，国内许多学者针对其二重性特征作出说明。范弘雨（2010）指出，一方面民生幸福作为反映人们主观生活质量的核心指标，衡量的是人们对生活的满意度，是一种主观测量指标；另一方面民生幸福既具有主观性又具有客观性，既具有个体的主观差异性，又受到很多外在客观因素的影响。民生幸福在内涵上呈现出的二重性特征，是由幸福感的二重性以及影响主观幸福感的二重因素决定的。

国内外学者将民生幸福的研究应用于多个领域，我国学者周四军和庄成杰（2008）将国内外民生幸福研究总结为 3 个方面。①宏观民生幸福研究领域。不丹模式的 NHI 指标是该理论与实践的典型代表。卡尼曼和黄有光等对经济、社会发展到一定阶段后物质和货币增长与幸福快乐的关系进行了研究。黄有光在其《东亚快乐鸿沟》一文中提出"幸福鸿沟"概念，并指出：总体而言，在收入水平非常低的时候，收入与快乐之间的关联度更为紧密，尽管如此，在影响个人快乐的所有变数当中，收入决定快乐的比重仍不超过 2%；多个研究表明，社会的进步程度在一个国家收入水平还很低的时候，与收入水平密不可分，一旦超过收入水平，这种互联性就会消失。（姜奇平，2003）②城市幸福研究领域。2004 年，奚恺元对中国 6 大城市的民生幸福指数进行了测算。③微观幸福研究领域。卡尼曼和艾伦·克鲁格（Alan Krueger）提出

"民生幸福"观点，致力于从微观个体的体验来描述幸福，对人们在一段时间内从不同活动中得到的愉悦感进行了排序。

第二节　民生幸福测量方法研究综述

国外学者关于民生幸福测量方法的研究，成果比较丰富。美国和英国均成立了专门的研究机构，致力于"国民幸福总值"的测量研究。日重现法就是一种测算幸福总值的方法。Burns（2011）通过满足和欲望的比值计算幸福，认为国民幸福＝满足/欲望，即幸福与满足成正比，与欲望成反比。由此可见，实现民生幸福的两条途径便是满足需求和抑制欲望。

国内对民生幸福测量的研究也日趋深入。目前，构建民生幸福主要有两种方式。一是基尼系数调整法：民生幸福＝收入增长率/（基尼系数×失业率×通货膨胀率）。二是影响因子计算法。为得到完整的国民幸福指数核算体系，就要求得生产总值指数、社会健康指数、社会福利指数、社会文明指数和生态环境指数。根据这些指数可以得出如下公式：

$$民生幸福 = 生产总值指数 \times a\% + 社会健康指数 \times b\% + 社会福利指数 \times c\% + 社会文明指数 \times d\% + 生态环境指数 \times e\%$$

其中 $a\%$、$b\%$、$c\%$、$d\%$、$e\%$ 分别表示生产总值指数、社会健康指数、社会福利指数、社会文明指数和生态环境指数的权重，具体的权重大小取决于各政府所要实现的经济和社会目标。

蒋团标、朱玉鑫（2013）指出，基尼系数调整法从经济学角度出发，以影响居民幸福感的关键因素为主，计算相对简便，容易理解；但也存在不足之处，即基尼系数虽然能反映收入分配公平性、测量社会收入分配不平等的程度，但是其计算并没有统一标准，不同的计算方法导致结果出入较大。影响因子计算法涵盖面广，能较全面地衡量幸福水平，但也存在不足：一是各地方政府既定的经济和社会发展目标不同会导致各地发展思路不同，因而各地标准不统一，缺乏可比性；二是权重和评价指标体系尚未达成共识，主观性较强；三是部分指标数据难以获取，量化困难。

国内很多学者采用民生幸福影响因子计算法，但对指标的选取各有不同。刘正山设计了一整套主客观因素相结合的指标体系：客观指标包括基尼系数、支出结构、婚姻美满度等；主观指标包括开心程度、个人外向指数、人际关系指数等。

周四军、庄成杰（2008）在经济发展水平、人口与就业结构、人民生活水平和生活环境水平等方面选取了 25 个指标，构建民生幸福评价指标体系，其运用变异系数法和距离综合评价法对我国 1998—2006 年 NHI 进行了测度和评价。周四军等学者还采用影响因子计算法对湖南省 NHI 进行统计测度与评价。根据因子分析法确定经济因子、环境因子、人口因子和社会因子等公共影响因子，选取人均 GDP、（城镇、农村）居民人均可支配收入、第三产业产值占 GDP 比重、人均教育经费、（城镇、农村）居民恩格尔系数、15 岁以上文盲比例、人均住房面积、人均道路面积、每万人拥有医生数、城镇登记失业率等指标，利用方差贡献率对各因子置权，测度出 2006 年湖南省 NHI。

庄连平、李晶（2008）借鉴了 Ranis 等（2005）定义的广义的幸福，认为幸福应涉及人类发展指数、工作条件、休闲条件、社会关系、社区福利、心理福利（个人心理状态）、经济稳定（避免经济波动）、环境条件等。

李刚等（2015）从生活质量指数、社会公平指数、社会进步指数、社会满意度指数和环境满意度指数 5 个方面构建了民生幸福指数的计算公式，计算了中国 1991—2012 年的城镇居民幸福指数、农村居民幸福指数和民生幸福指数，分别采用恩格尔系数、基尼系数、婴儿死亡率、人均收入增长率以及环境污染治理投资总额占 GDP 比例这 5 个衡量指标，对民生幸福指数进行了比较和分析。

朝克等（2016）在"不丹模式"的基础上结合中国的国情选取经济因子、社会因子、人口因子、环境因子作为准则层，再以各准则层为基础分别选取了人均 GDP、城镇居民家庭人均可支配收入、农村居民家庭人均纯收入、全体居民消费水平指数、第三产业增加值占 GDP 比重、单位 GDP 消耗、城镇居民家庭恩格尔系数等为基础指标，计算 1990—2012 年我国民生幸福指数，并通过实证分析得出民生幸福与经济发展具有正相关关系的结论。

学者对民生幸福的测量方法大多是在前人构建的测量模型基础上的改造和创新。从民生幸福研究角度关注民生，为国家、政府部门提供真实可靠的统计数据，有利于评估居民幸福状况，提高居民幸福水平。

第三章 公共体育服务与幸福研究综述

公共体育服务是全民健身国家战略和体育强国战略的重要组成部分。政府通过完善公共体育服务体系建设，丰富公共体育服务供给，创新公共体育服务方式，提高体育治理水平，不断满足人民多元化、多样性的体育需求，不断提升人民的获得感和幸福感。公共体育服务的组成内容包括体育设施、体育活动、体育社会组织、休闲体育、体育文化、体育赛事、体育康复、体育科教等，公共体育服务不仅与人民日常生活密切相关，更与人民的健康幸福密不可分。

第一节 体育设施与幸福研究综述

体育设施是公共体育服务体系建设的重要前提和基础，国内外学者对体育设施与幸福的关系进行了研究。

候建斌和张朋（2013）认为，随着生活水平的提高和健康资讯的普及，大家的健康与健身意识不断提高，拥有健康体魄、享受幸福生活成为大家的主要诉求。借助高校体育设施提供社会休闲服务是高校体育功能的重要体现。对高校体育设施资源的整合利用，能够积极创建良好公共关系，推动高校周边健康社区的营造，进而增强居民体质，提高居民生活幸福感，促进居民身心健康。

王智慧（2012）探索了体育赛事举办后体育设施与承办地区居民幸福的

关联性，从而揭示了体育设施对承办地区居民幸福的影响。其研究认为，大型体育赛事的举办对承办地区的居民幸福总体上有明显的提升作用，提升的情况因个体差异而有所不同。

顾伟民（2011）在新农村建设和全民健身背景下，探讨了农民体育健身工程实效性建设对农民幸福的影响，认为农民体育健身工程实效性建设有利于促进农民形成新的身心健康理念，提升农民的健康感；有利于促进人际关系的和谐发展，提升农民的愉悦感；有利于促进家庭成员的积极参与，促进农村社会的和谐稳定，提升农民的自豪感。

袁跃和甄国栋（2013）认为全民健身与民生幸福相关，全民健身可以增强人民的心理素质，提升人民的幸福感。我国大型体育场馆多为竞技体育服务，部分场馆虽然开放但带有营利目的，单位、学校、社区所拥有的体育设施相对封闭，加之城乡居民对利用体育设施进行活动的权利意识淡薄，我国城乡居民体育活动的主要场所依然是公园、街头巷尾、江河湖畔等非正规体育场所，可供其使用的体育场地、器材设施十分有限，功能齐全的体育设施更是缺乏。因此，这成为制约我国全民健身发展的一大瓶颈。总而言之，体育设施的不足影响了全民健身，从而影响了群众的主观幸福感。

张凤珍等（2007）认为，公共体育设施资源的协调共享，需要结合小区实际，科学规划健身设施的种类、数量，并与其他建筑实现结构与功能的协调。这样，一方面可以营造良好的居住环境；另一方面可以激发人们的健身热情，满足人们体育健身的基本需求。

孙佳杰（2014）指出，社区体育设施在数量和种类上的不足和不平衡，造成了部分体育设施闲置和使用率低。社区体育设施配置、社区体育设施管理、社区体育设施组织、社区体育设施运营和社区体育设施维护状况等方面，还存在一系列问题，必须改进提高，以增强群众主观幸福感。

国外政府也重视公共体育设施建设，以满足民众多元体育需求，提升民众生活幸福感。

美国是世界上社区体育设施最完备的国家之一，提供社区体育活动中心、社区公园系统、学校体育场地设施、私营健身俱乐部等。社区体育活动中心不仅可以提供体育活动的场地，还可以提供体育设施。美国联邦政府和地方政府注重满足大众对体育设施的需要，注重对大型体育场馆的投资与建设。社区体育设施主要依靠地方体育协会或中心组织管理。社区体育设施的规划建设配置设有最低标准，强调功能的多样性和受益者的大众化，融娱乐、休闲、健身为一体（邓毅明和王凯珍，2005）。全美人均拥有体育场所的面积为30平方米，平均每万人拥有200多个体育场地。

加拿大政府也高度重视公共体育设施的建设与完善，已将其纳入福利与保障制度的范畴，以提升民众生活幸福感。社区内配套的文化、体育休闲中心及社区范围内的学校体育活动设施等，以俱乐部的形式向市民开放。加拿大学校体育设施大都面向社会和学生开放，学生可免费或者支付较低费用使用，社区居民使用则需要缴纳一定费用。加拿大政府也比较重视户外场地设施的发展，并出台了政策法规以保证户外场地设施的建设与更新。加拿大政府对市区户外场地设施制定了相关标准。

英国在第二次世界大战后一直重视社区体育的发展，并通过加大社区体育设施建设力度，注重民众身心健康发展，提升居民生活的满意度（徐兰君等，2012）。英国的社区体育设施主要分为两类：一是社区体育中心，其设施由政府购买，各地方政府负责维修和保存；二是商业体育俱乐部，俱乐部内的设施既可以自己购买，也可以向社区体育中心租赁。依据设施的所有权性质，英国社区体育场地设施可分为社区体育中心设施、商业体育俱乐部设施、学校体育设施以及各类营利性和非营利性民间体育设施。

德国同样注重体育基础设施建设，以提升民众对生活幸福的感知。从非俱乐部基础设施来看，德国通过3个黄金计划，使公共体育基础设施日渐完善。

日本通过开放学校体育设施，完善公园体育设施等，为民众提供体育健身设施，提升民众对生活质量的满意水平（闫华和陈洪，2006）。2005年，日本全国体育场地的总数达到24万所（包含运动场、体育馆、游泳池、网球场、室外排球场等），平均每10万人拥有188所。日本社会体育设施主要由中小学体育设施、高等院校体育设施、公共体育设施、民间体育设施、企业体育设施组成。日本文部科学省2008年的调查显示，在日本全国体育设施中，公共体育设施占 24.15%、民间体育设施占 7.78%、企业体育设施占 3.07%，学校体育设施占最大的比例，数量为 149062 个，占比 65%（小中学、高等院校）。林伟刚（2013）指出，日本体育设施的建设有基层社区、市町村、都道府县 3 个级别标准。钱伟良（2010）提出，日本体育中心是大众参与运动的主要公共场所，是日本实现公共体育服务均等化的基本载体，能够提供体育培训、健康咨询、医疗咨询等服务。校园体育设施从单纯提供场地的"开放型"向学校和社区"共同使用型"转化。日本设有野外活动、自行车运动、滑雪、网球、高尔夫以及郊游的场地和设施。日本的公园是公共体育场地设施的重要组成部分，各类城市公园面积平均达 53 平方米／人，在建造时充分考虑了大众体育需求。

韩国体育设施主要包括公共、学校与私营体育设施。公共体育场地与学校体育场地一般由地方政府部门管理，免费向居民开放或收取少量费用。绝大多数俱乐部在开展体育活动时都使用公共或学校体育场地。韩国城市中的大型体育设施包括体育馆、室内滑雪场、体育公园、健身中心、室外跑道；小型体育设施以健身广场、小型运动场为主。韩国的体育设施主要以满足人们的各种锻炼需要为目的，每个都设有标准游泳池、健美操训练馆、器械力量健身馆、运动处方诊断室、儿童训练馆、高尔夫练习馆、乒乓球馆、综合训练馆等。

由此可见，公共体育设施包括学校体育场馆、公园、体育中心、体育俱乐部等，这些设施应能够满足社会公众的健身需求，增强群众体质，提高群众对幸福生活的感知能力。国内学者认为，对学校体育场馆等体育设施资源的整合利用，有利于创建良好的公共关系，增强居民体质，提高生活幸福感；体育设施的种类、数量、布局的增加和完善，可以激发民众健身热情，满足健身活动的基本物质需要。国外学者认为，大众体育活动的开展离不开大众体育场所和体育设施，大众体育基础设施建设也不同于竞技体育设施建设，大众体育基础设施建设主要包括社区体育中心的体育设施建设和户外休闲体育设施建设。公共体育设施的完善，对于满足大众户外体育休闲的需要至关重要，是提升民众对生活质量满意度的重要依据。

第二节　体育活动与幸福研究综述

体育活动是指人们在工作之余，以健康、快乐和幸福的生活为目的，而自主选择、自主进行的具有积极意义的各种活动的总称。国内外学者对体育活动与民生幸福的关系进行了研究。

肖雅文（2013）以河南省高校硕士研究生为研究对象，考察了体育锻炼与幸福之间的关系。调查结果显示，体育锻炼对硕士研究生幸福水平有积极的影响，体育因素（锻炼强度、时间、频率）对幸福的影响呈现两边低、中间高的"山峰"形趋势，其中，中等强度、每次31～59分钟、每周2～3次的体育锻炼对幸福水平的提升效果最好，体育专业硕士研究生幸福水平低于非体育专业硕士研究生幸福水平，男性硕士研究生幸福水平与女性硕士研究生幸福差异较明显，女性硕士研究生幸福水平明显高于男性硕士研究生幸福水平。

姚安全（2011）对大学生进行体育人口分类后，对大学生参加体育锻炼的情况进行了统计分析，结果发现，标准体育人口的大学生主观幸福感比近似体育人口、偶然体育人口和非体育人口的大学生主观幸福感要高。在不同的学习阶段，体育锻炼对主观幸福感都有一定的提升作用。经常性地参与体育锻炼，不仅有利于大学生对自身的认同，而且有利于大学生缓解压力。

贺子芩（2014）采用自编体育锻炼行为调查表、中国城市居民主观幸福感量表和心理弹性量表，在西安市各大高校选取500名中年教师作为研究对象，使用统计软件对数据进行了分析研究。研究表明，体育锻炼对高校中年教师的主观幸福感有重要影响。锻炼人群和非锻炼人群的主观幸福感在心理健康、目标价值、身体健康和家庭氛围等因子上差异显著。参与锻炼的人群对生活更满足，他们的自我目标和价值能够实现或已经实现，家庭气氛融洽。长期锻炼有利于促进个体神经递质的分泌，进而通过身体机能的改变，调整情绪体验，使个体能更多地感受到积极乐观的情绪，从而提升主观幸福感水平。

尹志红（2010）对南昌市经常参加体育锻炼的中老年人进行普查，认为参与体育锻炼频率高的中老年人的幸福感明显比参与频率低的中老年人的幸福感强烈。

王程（2008）通过对传统体育活动的健身养生、自娱和谐、民心凝聚、融合向心功能进行分析，论述了在构建和谐社会过程中民族传统体育对提高民生幸福有不可替代的积极作用，具体表现为：体育锻炼促进民众身体健康，提高民众幸福感；体育活动的规则有利于培养民众规则意识，提高民众对社会的认同感；体育活动用品的消费有利于促进社会的经济发展，提升民众的富裕感；传统体育竞技的观赏性可提升民众的愉悦感；体育活动的参与特性则有利于促进和谐人际关系的形成。

张凤珍等（2007）提出，体育锻炼可以培养人的规则、公平、竞争意识，提高民众的社会认同感、公平感，有利于形成积极向上的社会氛围，为人们幸福感的提升提供有力保障；体育锻炼还可以促进人的身心发展，提升健康指数，促进人们幸福感的提升。体育锻炼对于人们的幸福感有着很强的正面影响，幸福感的提升，又会促使人们更加积极地参与体育锻炼。

蒋惠珍（2008）从情感量表和主观幸福感的角度，对高校教师体育锻炼行为和幸福感的相关性进行了研究，发现运动量与幸福感具有正相关关系，表明体育锻炼的时间长短与幸福感水平具有相关性。

Ferrazzi 等（1977）在研究中发现，经常参加体育锻炼的人比不参加体育锻炼的人主观幸福感相对较高，体育锻炼的次数、程度和主观幸福感存在一定的正相关关系。

Hayden 等（1986）在研究中发现，中老年人进行体育锻炼的次数和他们的主观幸福感程度有着重要的因果关系。经常锻炼的中老年人的主观幸福感比不经常锻炼的中老年人的主观幸福感强。

在美国，健身、散步、游泳、保龄球、自行车、高尔夫、慢跑、长跑、网球、棒球、垒球、排球、篮球、山地滑雪、壁球、橄榄球、越野滑雪等项目，是民众参与较多的体育项目。其中，健身和散步的参与人数约占总人口的 25.2%；游泳的参与人数约占总人口的 24.1%；网球、棒球、垒球、有氧运动和排球的参与人数都占总人口的 6% 左右。Berg 等（2015）认为，社区体育项目在设置上更加注重享乐性和情感诉求，注重提高运动过程中的社交功能，满足社区体育参与者的社交需求，这些项目主要有乒乓球、羽毛球、游泳、舞蹈、健身、健美等项目。2011—2012 年，美国有超过 450 万名的男生和超过 320 万名的女生参加了中学体育运动。其中，受中学男生欢迎的校际体育项目中排在前 5 位的有橄榄球、田径、篮球、棒球、足球。橄榄球项目的参与人数达到了 100 万人，其余项目的参与人数均达到 40 万人以上；受中学女生欢迎的体育项目有田径、篮球、排球、足球、垒球，女生参加田径项目的人数近 47 万人。在政府提供的户外体育场地，人们可以进行徒步、钓鱼、打猎、登山、慢跑、游泳、冲浪、滑雪、滑翔以及其他多种多样的休闲和健身活动（虞荣娟，2010）。

加拿大公共体育活动内容丰富、普及率高。从冰雪项目到水上项目，从社区体育项目到户外体育休闲项目，如冰球、足球、棒球、板球、排球、篮球、网球、乒乓球、橄榄球、极限飞盘、长柄曲棍球、草地保龄球等，充分体现了加拿大体育休闲活动的丰富多彩。加拿大的气候非常适合冰雪运动，其境内湖泊众多，在冬季形成了天然的滑冰场。在加拿大的冬季，学校和社区会建设众多简易滑冰场，免费供市民使用。高度普及的冰雪运动是加拿大公共体育的特色运动项目。在特殊人群体育活动方面，加拿大政府鼓励残疾人参与多类型、多层次的体育活动，如坐式排球、轮椅网球、轮椅篮球、轮椅击剑、卧式举重、轮椅羽毛球等，旨在减少并最终消除残疾人参与体育活动的壁垒。

英国社区体育的项目安排一般有 3 种。一是以技术、锻炼为主的项目，它包括正式竞技性项目（足球、网球、游泳等）和非竞技性项目；社区体育中心能够开展 17 种以上的体育项目，例如，羽毛球、篮球、保龄球、壁球、5 人制足球、健身操、室内曲棍球、柔道、空手道、健身、舞蹈、网球、旱冰、乒乓球、蹦床、排球等（林显鹏和刘云发，2005）。二是以学习为主的项目，它主要针对初学者。三是为会员提供的体力测试、健康诊断、运动方案制定等服务。

德国体育项目十分丰富，包括滚轴溜冰、山地自行车、跆拳道等项目，而且体育运动形式也趋于多样化：群众长跑运动、城市马拉松赛、体育节、骑马出游、骑自行车旅游、赛艇和皮划艇水上旅行等，这些活动已经成为德国人体育运动的新形式。德国公共体育的活动内容可以归纳为健身体育、休闲体育、体育旅游及体育探险 4 大类，且每类并无严格划分标准，只是各有侧重。

日本社区体育活动的开展具有本土化、层次性、休闲化与大众化的特点（李洪坤和陈立农，2000），其国民在体育意识上注重体育本身的技术性和娱乐性，关注自我和团队在体育活动中所能获得的结果和成就。日本社区体育项目的选择，充分考虑到了简便易行性和大众普及性。目前，日本社区体育包括新兴运动在内的体育运动项目有 400 多种，体育活动内容非常广泛。日本国民喜爱的传统项目包括柔道、剑道、棒球、垒球、桌球、网球、羽毛球、高尔夫、钓鱼（梁文，1994）。日本成人参与率最高的体育项目有散步、慢跑、体操、保龄球、肌力训练、钓鱼、游泳、高尔夫；青少年运动项目主要为足球、篮球、棒球、排球、羽毛球、游泳、乒乓球、投球运动、肌力练习和慢跑。《日本经济新闻》指出，日本人最想尝试的新兴运动中，"飞镖""空气剑道""躲避球"为前 3 名，受欢迎的新兴运动还有"家庭式羽毛球""自由式网球""板式网球"（王瑶芬，2004）等。日本注重开展体育培训，日本的小学、中学、高中每周有 3 节体育课，体育课以器械运动、田径、游泳、球类为主要内容。中学和高中还开设了武道课，传授柔道、剑道。除此以外，学校体育部也组织体育活动，每年春、夏在全国开展高中棒球比赛，还为学生开设滑雪、滑冰、帆船、划艇、高尔夫、空手道、拳击、自行车等运动项目。日本社区的保健培训课制度要求严格，社区居民每月都要上一次保健培训课，社区每个人都要参加。另外，为提高青年人对体育的关注度，并参考社会上流行的相亲联谊活动，日本在体育立国战略中提出，将网球场、高尔夫球场、体育俱乐部等当作青年人邂逅的场所。

韩国男性热衷的体育项目是登山、篮球和足球，女性则是登山、徒手体操和羽毛球，两者存在较明显的差异。综合来看，韩国 10～29 岁人群对篮球的参与倾向性最高，其中，10～19 岁人群第二热衷的项目为徒手体操；20～29 岁人群第二热衷的项目是登山，这两个年龄段的项目参与特征明显区别于其他年龄段。韩国人 50 岁以后参与的活动项目减少，特别是 60 岁以后，几乎不参加篮球、健身、健美、保龄球、自行车和足球等运动项目，这反映出闲暇体育运动内容的变化性和对象的选择性（周莹和申萍，2001）。为树立国民的体育意识，韩国《国民体育振兴法》规定每年 10 月 15 日为韩国体育日，每年 4 月最后一周为体育周。除此以外，韩国每年 10 月举办全运会，5 月举办全国少年运动锦标赛，其他时间还会举办体育文化节、青少年体育俱乐部锦标赛、家庭体育节等，以鼓励全民参与运动。韩国政府致力于宣传本国传统体育文化，激发国民掌握体育技能的愿望，从而增加人们参与体育活动的热情（Kim 和 Chalip，2010）。韩国注重对国民运动参与特征开展科学研究，结果显示：相比男性而言，韩国女性倾向于在运动中展示自我和提升自我形象；韩国国民从运动中获得的快乐与受教育程度显著正相关，受教育程度高会提高运动者对运动中的快乐的感知。韩国开设大众体育教室，每天清晨，全国开放 405 个大众体育广场，每周末进行娱乐性足球、门球、篮球等比赛。此外，韩国开设体育大学、家庭式的体育野营、女性体育讲座、儿童体能教室等，科学引导相对落后地区大众体育的健康发展。

　　综合国内外学者的研究可以发现，体育作为一种身体活动，可以调整和改变人的身体状况，从而使人的心理状态发生改变，使个体在生活和工作中表现得更加具有韧性、坚强乐观。长期的体育锻炼可帮助人调整情绪，使人更容易对自己的发展充满信心，从而提升主观幸福感。国外的研究发现，随着人们生活水平大幅度提高，社会劳动强度和劳动时间降低，人们花在体育活动上的时间相对增加，大众体育成为世界各国的重要发展目标。21 世纪以来，大众体育与休闲体育结合，已经成为欧美发达国家居民消费的热点。由此可以发现，体育越来越受到国家和民众的重视，民众体育活动的参与度和组织程度都有所提升。体育活动对民生幸福的提升具有积极的影响。

第三节　体育社会组织与幸福研究综述

　　体育社会组织是指群众体育的社团（包括项目和人群协会）、体育民办非企业组织、体育基金会、草根体育组织（包括健身活动站点、团队、网络组织等）等以发展群众体育为目的的非营利性组织。体育社会组织能够为群众提供身边的公共体育服务，落实全民健身国家战略和体育强国战略，提升群众的主观幸福感。国内许多学者对体育社会组织与民生幸福的相关性进行了研究。

刘米娜（2016）提出，公共体育服务是公共服务的重要组成部分，国内的分析大多忽略对公共体育服务与幸福关系的研究。国外研究显示，体育社会组织能显著提高群众的体育运动参与率，提升群众的幸福感；政府为公众提供的体育组织服务对民众幸福感具有明显影响。基于此，体育组织的健康发展是影响民众参与体育和个体幸福感的重要机制。

汪全先（2012）提出，政府要明确其在民生体育建设中所扮演的角色。随着我国 GDP 总量的激增，人们已经具有一定的经济基础，政府的视野应该从关注 GDP 逐渐转向关注幸福。原始的经济增长型政府因片面追求体育带来的经济效益而忽视了人们对于体育本身所能带来的幸福感的需要。富民强国目标下，要改变这一现状就显得尤为重要。转变政府职能，加强其公共服务性，就必须将政府、组织、个人之间的利益协调起来，并要处理好民生体育与竞技体育之间的关系，实现政府职能转型。与此同时，民生体育要持续快速地发展，政府就必须对其进行大力支持，保障民生体育建设中财力、物力、人力的及时供给；而要保障民生体育建设健康长久地发展，还必须起草能够切实促进人们身体素质提升的相关法案，并通过立法将民生体育纳入法律体系。只有做到真正的有法可依，才能在民生体育出现问题和发生纠纷时予以有效解决。把民生幸福作为政府执政的立足点，需要政府在法律、经济、社会导向上给予民生体育充分的支持。

王凯（2019）认为，政府与社会组织应该摒弃原有的政府主导的观念，构建新型合作型政社关系。政府在有效监管的基础上，应增加对体育社会组织的信任程度，应明确其与公众之间"服务者"与"被服务者"的关系；公共体育服务关乎民生，公共体育需求是一切公共体育服务的出发点与立脚点，作为公共体育服务直接的提供者与消费者，体育社会组织与公众之间的信任则更为重要。研究建议，改变公众对体育社会组织的固有认知，增强公众对体育社会组织的价值认同，培育公众的公共精神，塑造公民的主体意识与民主意识。

国内研究和实践表明：体育社会组织能够在服务和改善民生、创新社会治理中发挥积极作用。近年来，江苏、福建等地区的体育社会组织发展迅速，逐步形成了以各级单项体育协会、体育俱乐部、文体站、健身活动点和社会体育指导员为支撑的省、市、县、乡镇（街道）、村（社区）5 级全民健身组织网络体系。从全国范围来看，体育社会组织建设依然存在政社不分、权责不明、运转不畅等问题，还需要继续加强各级各类体育社会组织建设，加强体育社会组织自身能力建设，优化内部管理，提升体育社会组织能力和专业化水平，促进体育社会组织健康有序发展；进一步发挥体育社会组织的独特优势，引导体育社会组织公共服务能力持续提升，有效满足人民群众日益增长的公共体育服务需求。

美国非常注重体育宣传推广，体育指导员制度也比较成熟。为有效实施国民健身计划，使国民形成积极运动的生活方式，美国联邦政府通过电视、广播、报纸、杂志等大众传播媒介，进行科学健身的宣传和教育，目的是使国民形成良好的参与体育活动的意识（周学荣和江波，2005）。据统计，美国每年出版 1200 多本有关体育健身和竞技运动的书籍，出版 300 多种体育杂志，吸引大众参与体育活动。美国 3 家主要电视台（ABC、NBC、CBS）每年播出体育节目 1500 小时左右。政府动员学校、教堂、企业、社区为市民提供参与体育活动的条件和机会，特别是动员学校将体育设施向市民开放。当学校放假的时候，允许社区成员和组织使用学校的体操馆、田径场和操场。美国的社区体育指导员首先要经过培训，考试合格后进行资格审查和资格认定，再颁发合格证书，持证上岗。美国的社会体育指导员主要由 4 个部门管理，不同管理部门认定的体育指导员的类别不同，共计约有 10 类（戴俭慧等，2003）。

加拿大也非常注重对体育的宣传和推广，借助电视、报纸、杂志等媒介进行广泛的宣传。自 20 世纪 70 年代后，加拿大参加体育锻炼的人数陡然增加。以加拿大体育示范城市萨斯卡通市为例，该市参加体育锻炼的人数从全市人口的 17% 增至 51%（王维川，1989）。此外，加拿大经常以社区为单位，举办健康体育运动讲座，由体育专业的志愿者来做讲座，进行健康体育运动的宣传。加拿大的体育指导员主要有健身指导员和体质诊断员两类，分别由加拿大健身指导员中央审议会（NFLAC）和加拿大体育科学学会（CASS）两个社会组织认定并管理。加拿大健身指导员中央审议会认证的健身指导员，主要侧重健身指导工作，分为健身指导员、专家级健身指导员、健身教练和专业级健身教练高级指导员 4 个级别。加拿大体育科学学会认证的体质诊断员，主要侧重健身指导、体质诊断和评价等工作，分为体质诊断员、公认体质诊断员 2 个级别。体育指导员职业具有排他性，便于国家对体育指导员进行职业规范和管理（戴俭慧，2008）。加拿大政府加强对重点人群大众体育服务的供给，实现大众体育服务的均等化。加拿大"体育参与计划"规定，16 周岁以下孩子的父母可以申请免交 500 加拿大元的税额，将其用于孩子的体育活动与健康开支（俞琳和曹可强，2013）。

英国社区体育发展到现在已经形成集中央政府、地方政府、俱乐部以及外部合作伙伴于一体的社区体育推广网络。其中，社区体育网络与社区体育伙伴是社区体育推广体系的关键部分。英国社区体育志愿者活动的蓬勃兴起与发展，成为社区体育发展的"基石"（周学荣和江波，2005）；志愿者被视为俱乐部的"无形资产"，是俱乐部能够正常运营的重要因素。英国社区体育的中心是体育俱乐部，市民广泛加入体育俱乐部并接受在俱乐部志愿服务的体育指导员的指导。自 2012 年伦敦奥运会以来，英国体育志愿者的数量有所上升（艾俊，2005）。2012 年伦敦奥运会共有 70000 名志愿者无偿投入赛事服务，这在一定程度上保证了奥运会的成功举办。

德国大众体育计划与大众媒介的宣传活动密切配合，提出了许多简明而充满鼓励意义的体育口号，如"运动的第二选择""锻炼身体""一起运动""体育与健康""有氧耐力锻炼 130 分钟""最好的锻炼效果在俱乐部""通过体育保持健康""体育运动有益于德国""德国，动起来"等。这些口号起到了很好的宣传作用。此外，体育传媒在大众体育开展中也发挥着重要的作用，大众传播媒介为大众体育做了广泛宣传，国家通过电视、广播、报刊、小册子等形式在交通要道和公共场所广为宣传。同时，政府首脑以及众多文体明星为运动做宣传，上街跑步做表率，效果非常好。宣传活动及各界人士的行动，有效地激励了大众，并让人们广泛了解到体育活动的重要性、人的健康水平与体育活动的关系。国家为宣传大众体育还设立体育节①、体育日，每年选举"德国最佳体育城市"，这些都是宣传大众体育的有力手段。每年的 12 月 5 日是德国的志愿者日，德国 14 岁以上的公民中有近 34% 的志愿者，除卫生和社会公益领域外，有相当大一部分志愿服务发生在体育领域。在德国约 90000 家体育俱乐部中，有 210 万个不计报酬的职位。志愿者的无私奉献是德国大众体育的基石。没有志愿服务，就不可能有德国大众体育的蓬勃发展。

1994 年，日本的体育指导员与总人口的比例为 1∶2000，体育指导员总数为 69633 人，其中社区体育指导员为 52862 人，约占总数的 75.9%。到 2003 年，日本的体育指导员约 9 万人，增长近 30%（张永龙等，2008）。日本的体育指导员大致分为 3 个大类，14 个小类。体育指导员要想获得资质，必须支付 2 万~7 万日元培训费并经过专业训练（倪同云，1998）。其资质认定主要由日本文部科学省、厚生劳动省负责。其中，文部大臣监管的指导员包括社区体育指导员、竞技体育指导员、商业体育指导员、体育活动计划指导员、少年体育指导员和休闲体育指导员。下级府县及市区镇村教委都设有社会体育指导委员会，体育指导人员以兼职为主，而且大部分（占 90% 以上）是义务工作人员，报酬很少（魏德样，2006）。体育指导员在都道府县的教育委员会负责策划振兴体育运动方案，负责一线体育事业运营，可担任体育指导委员、俱乐部运营领导者。此外，体育指导员还肩负指导地区居民体育活动技巧、运动受伤者康复的任务。加入正规体育组织和在体育指导员陪同下进行运动，会显著降低国民运动伤残的可能性（Kanamori 等，2012），日本的社会体育指导员制度恰恰为完善社会体育网络建设和国民运动健康提供了支持。

2016 年，韩国制成国家体育设施信息电子地图，以便国民更加便利地进行体育设施信息查询和使用预约。地图与门户网站联动，向普通市民提供服务。韩国《国民体育振兴法》规定，在健身场所从事社会体育指导工作的人员均须持证上岗。韩国社会体育指导员职业资格培训和鉴定工作归政府管辖，属于非营利事业，指导员的活动经费、基础性建设经费以及日常管理的费用

---

① "体育节"是一个国家或地区根据社会和民众的需要设立的以开展体育活动为主题的社会活动日。它由某地区或某机构发起，活动内容广泛，一般包括赛事运动、休闲娱乐、体育文化讲座、健康知识宣讲或图书展等多项活动，目的是推动全民健身、弘扬体育精神、塑造本机构或本地区的体育文化。

由政府承担。目前，韩国 16 个市及 232 个市郡区已部署大众体育正式带薪职员，负责大众体育爱好者培训、管理，大众体育项目普及，大众体育现场指导等。韩国政府从 1974 年开始普及一级、二级比赛教练，从 1986 年开始普及二级、三级健身教练，从 1998 年开始培养一级运动处方健身教练。截至 1997 年，韩国培养的大众体育教练和康复教练 5 万多名（周永明和龚斌，2007），其中，大众体育教练 33545 名，康复教练 21000 名，以适应各种运动的需要。2000—2003 年，约 6 万名体育指导员成功注册，这加快了韩国大众体育的科学化进程，提高了大众体育活动质量。

澳大利亚一直被公认为是热爱体育运动的国家。澳大利亚政府出台了各种促进体育发展的政策，以期增加体育运动人口数量，提升精英运动员成绩，增进社会包容度，改善大众心理健康情况，帮助老年人保持独立并提升他们的生活质量，推动社会变革。2015 年，澳大利亚人仅在体育馆、健身房、休闲中心的体育和休闲活动上的花费就超过了 107 亿美元。澳大利亚 90% 以上的体育和体育娱乐从业人员均在私营部门就业。

新加坡的社区体育发展是亚洲国家中的典范。该国制定了"金字塔结构"的大众体育政策，着重增强公众体质，增强民众幸福感。

通过国内外文献研究发现，政府及相关组织对于公共体育服务的推进和普及至关重要，政府及相关组织对体育的宣传和推广，可以有效加强体育设施的建设，提升民众主观幸福感。政府在报纸、杂志、网络等媒介上的宣传具有很大的公信力和号召力，为公共体育基础设施建设等方面的经费支出提供了巨大的保障。相关体育组织可以促使体育运动观念深入人心，进一步巩固体育锻炼在人们日常生活中的地位，提升个人幸福感。社会体育指导员制度在各国的倡导和推进下，对于帮助大众认识各种体育项目，积极参与各项体育活动发挥了良好的作用。

第四节　休闲体育与幸福研究综述

关于休闲与体育的问题，卢元镇是国内涉足该领域研究的第一人。他在

20 世纪 80 年代初期就敏锐地指出，长期以来，我们已习惯把体育运动理解为学校体育、运动训练与竞赛、身体锻炼这样比较严肃的内容，然而在现实生活中还存在一种普遍的社会现象：人们怀着轻松愉快的心情自愿参与各种体育活动和娱乐活动，他们既不受限于体育教学的目的性规定，也不追求高水平的运动成绩，甚至并不把体育的强身健体作用放在首位，而是把体育运动当作一种有意义的活动形式借以度过自己的闲暇时光，使个人在精神方面和身体方面都得到放松。

休闲体育产业随着"休闲时代"的来临而衍生发展，是社会经济高度发展的产物，是休闲经济的重要组成部分之一。从现有文献来看，与"休闲体育"相近的概念较多，比较典型的有体育休闲、体育休闲娱乐、余暇体育、闲暇体育、体育娱乐、娱乐体育、健身体育、节日体育等。

曹琛（2005）提出，参与运动或游憩方面的休闲体育活动，能促进血液循环、消除精神紧张，使身心健康发展；有助于增强儿童和成年人的自尊心和自信心，提高老年人的记忆力；能够有效地缓解轻度和中度抑郁，对重度抑郁也是一种有效的治疗手段；有助于提高人们的自由感、独立感，提高自我价值感、自信、领导技能，提高生活质量，提高竞争能力，使人持有更加乐观的态度等。总而言之，曹琛认为，健康的身体和健康的心理是人们开展休闲体育活动的理想目标，各种各样的休闲体育活动无疑是保证人们身体健康和心理健康的重要手段，它赋予人类抵抗疾病及其他危险的能力，满足了人类对运动的自然需求，延长了人类的平均寿命，提高了公共健康水平，使人类能够更为和谐的生活。

刘名远（2011）通过问卷调查和实地访谈，指出当前在国家和谐健康发展、经济持续快速发展、人们生活水平快速提高的基础上，高新技术企业职工的文化素质更高、工资待遇更高、闲暇时间更多。同时，其对北京市高新技术企业职工休闲体育的发展和参与休闲体育的情况进行了研究，研究发现，北京市高新技术企业职工参与休闲体育活动的主要目的是增加体验，增强体质，增进健康，愉悦身心，减轻各种压力，以及通过休闲体育活动促进人与人之间的交往。参与休闲体育能提高职工生活满意度、生活幸福感或生活质量。

世界休闲组织认为，休闲带来的益处有：对个人，能够带给人愉悦感，提高人的身心健康，锻炼人的能力，提高人的自尊，鼓励人自由表达；对社会，能够增加家庭以及社区之间的凝聚力，提高身份认同感，提供交流和沟通的方式；对经济，能够带来更多就业机会和商业发展机会；对环境，能够带来管理良好的健康环境，认识环境面临的问题和挑战。休闲带来的变化有：对生活，能够促进人们思考，使人们获得洞察力，达到心神贯通的状态，唤醒人们对心灵及精神的追求，改变生活内容及提高生活品质；对社区，能够增强社区活力，推动社区经济发展；对国家，能够推动社会经济及文化发展，使国家资源被越来越多地用于改善人们的生活品质。

邱妍（2015）指出，随着经济发展，城市居民在收入增加的同时，闲暇时间也随之增多，城市发展步入一个新的阶段。在物质需求得到满足的前提下，居民开始追求高质量的精神生活，参与健身休闲活动成为居民生活的基本内容。城市健身休闲空间不仅能够提供多样化的健身设施，增强居民身体素质，还能促进居民间的人际交往，从而提升其生活幸福感。

钟秉枢等（2015）认为，休闲是人类的天性，人们愿意在新奇与可预测、复杂与简单间追求与探索。休闲是有价值的，因为在休闲中我们可以犯错误而不受惩罚，因为休闲的灵活性和可选择性让我们可以发现自己喜欢的东西，发现自己能做得很好。休闲是我们认识自我的手段，因为在休闲过程中，我们能够发现并回答：我喜欢什么，我在意什么，我擅长什么。每一次休闲就代表着一次尝试、探索和学习。

李相如等（2017）的研究表明：法国人经常参与体育运动，还对一些传统的项目加以创新和发展；法国人经常参与的休闲体育运动项目有300余项。法国人参与休闲体育运动的目的也是多种多样的。除竞技和表演外，人们赋予休闲体育运动保持健康、愉悦身心、形体塑造等多重意义和价值。西方学者通过研究发现，休闲产业将成为发达国家主导产业。随着我国经济的快速发展，中国"休闲时代"悄然来临。健身休闲产业是社会公众参与体育最直接的领域，是体育产业的核心和基础，是体育全面发展的重要动力。

健身休闲产业是体育产业的重要组成部分，是以体育运动为载体、以参与体验为主要形式、以促进身心健康为目的，向大众提供相关产品和服务的一系列经济活动，涵盖健身服务、设施建设、器材装备制造等业态。当前，人民群众的多样化体育需求日益增长，消费方式逐渐从实物型消费向参与型消费转变，健身休闲产业面临着新的机遇。健身休闲产业是体育产业向纵深发展的强劲引擎，是增强人民体质、实现全民健身和全民健康深度融合的有效途径，是建设"健康中国"的重要内容，对挖掘和释放消费潜力、保障和改善民生、培育新的经济增长点、增强经济增长新动能具有重要意义。

第五节　体育文化与幸福研究综述

随着社会文明的发展，体育作为一种文化性的活动，可以让人的身体舒展通畅、怡然自得。积极参与体育活动可以让人产生心理上的愉悦与生理上的快感，参与体育活动可以强化人们身体素质、磨炼人们意志力，进而使人们形成积极向上的品质，同时也有利于进一步弘扬与传承民族文化。

陈维亮（2012）从新型城镇化过程中体育文化建设的角度，分析体育文化的内涵，认为体育文化是指以强身健体、振奋精神、建立积极生活方式为主旨的体育运动及其产生的物质与精神成果的总和。城镇化后的体育文化，在精神层面主要表现为城镇居民的体育观念、精神、道德风尚、知识等；在物质层面则通过城镇的体育环境、体育场地、体育器材、体育服装、体育用品等表现出来。

刘鹏（2012）认为，体育自身具有独特的文化价值。体育作为文化的组成部分，既有文化的一般特征，又有其自身的特征。体育蕴含了拼搏奋斗、超越自我、勇往直前的人生态度，能够极大地激发民族自信心、凝聚力、自豪感，激荡人们的爱国情怀，增强人们的认同感、归属感。

郑甲男、钱道明、王凤仙（2018）认为，体育活动能让人强身健体，体育文化能让人有一种积极的生活态度。在新型城镇化建设中，体育文化能让人建立一定的体育观念、体育知识、体育精神和道德风尚。一种完整的体育文化，要有相应的体育文化制度、体育场地和器材。而体育文化的传播，对于人民群众的素质有着重要的影响。在生活中，无论是观看还是直接参与体育活动，对个人的身心健康都有着积极的作用。直接参与体育活动，不仅能有效增进人们之间的情感交流，还能减轻人们的工作和生活压力。一个人参与体育活动，能引起身边很多人的关注。而体育文化作为一种积极向上的精神文化，能带动更多的人参与其中，促进人与人之间的和谐交往。

王婵娟（2018）认为，随着社会的发展，体育文化环境也在逐步改善，这促进了地方文化的形成。体育文化是地方文化极具代表性的产物，对树立地方形象有着巨大的价值。它是区域精神文明的客观反映，是地方体育文化的一种精神标杆，是当地人的精神寄托以及促进当地人积极参与体育运动的根基。同时，地方体育文化也是人们相互交流的桥梁，能够确保地方充满活力与朝气。

中国自改革开放以来，社会经济发生了重大的变化，人民的收入水平有了较大的提高，体育文化事业快速发展。国家从顶层设计上加大了体育文化建设的步伐，提出了大力推进体育服务发展，促进体育消费结构升级的方针政策。由此可见，近年来国家经济在维持高速增长的同时，体育文化建设加快，人们关注的社会问题也有了较大的改善，为民生幸福感的提高奠定了基础。

成功、于永慧（2013）对体育赛事文化与幸福感的相关性进行了研究，认为体育赛事具有较强的参与体验性和观赏性，正逐步影响国民的生活，参与体验或观赏体育赛事成为国民享受休闲、娱乐身心的重要途径。部分省、市、区通过体育赛事文化系统的规划建设，给市民提供了更多的健身设施，依托赛事组织了更多的主题健身活动，借赛事举办普及了更加全面、系统、科学的体育健身方法，以提升参与者的运动技术水平、体育文化素养。居民通过亲身的参与体验，既促进了身体的健康，又使心灵愉悦。一项对广州亚运会的调查显示，60%左右的被访者表示，亚运会提高了自己对身体健康的重视程度和对社会活动的重视程度。

高梦锦（2015）通过问卷调查与访谈，运用心理学、经济学、社会学相关理论，对山西省城镇居民社区体育文化建设现状、居民主观幸福感总体情况，以及两者之间的关系进行了分析。她认为主观幸福感与社区体育文化建设存在相关关系，并且正向情绪和生活满意度与制度文化建设、精神文化建设正相关，与物质文化建设相关不显著，在处理社区体育文化与居民主观幸福感关系时，政府更应该加强内涵建设，辅之以物质建设，这样才能更好地开展社区体育，加强文化建设，从而更好地提升居民的主观幸福感。

　　刘媛媛（2015）通过文献分析法、问卷调查法、访谈法等方法，从文化的器物、观念、实践3个层面对幸福感语境下的广州市大众体育文化发展对策进行了研究。问卷调查结果显示，幸福感与大众体育文化之间有密不可分的关系，幸福感范畴内个体身体健康、心态健康、家庭和睦、人际关系和谐等因素都与大众体育之间存在密切的正相关关系，幸福感语境下的广州市大众体育文化发展前景可观。基于问卷调查的结果，作者设计了幸福感与大众体育文化相关关系模型，如图3－1所示，该模型直观地呈现了二者的密切关系。

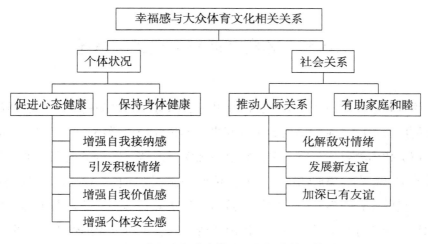

图3－1　幸福感与大众体育文化相关关系模型

　　黄卓、孙中亮和陈圣逸等（2017）运用文献资料、问卷调查、数理统计等研究方法，对社会体育文化发展下的中国公民幸福感问题进行了研究。首先，他们通过对6126名有效样本进行追踪调查分析，发现有一半以上的调查对象认为体育文化丰富了自己的生活内容，因此，生活的幸福感在提高；其次，他们将研究样本与部分国家公民的幸福感进行比较后发现，中国公民的幸福感有自己的特点，虽然不及许多国家的指数高，但整体保持了一个比较好的发展态势；再次，他们对幸福感时间跨度的波动情况也进行了观测，未发现两年来（5 个时点）有效样本心理出现大的波动，这与国家这一时期未发生大的体育事件有关；最后，在部分国家 GDP 增长指数与幸福感关系变化的基础上，他们对中国公民的幸福感发展趋势问题也进行了初步的分析，证明中国公民在社会发展的前提下，其幸福感持续发展具有可靠性。他们通过研究得出以下结论：社会经济发展推动了体育文化的发展，从整体上改善了中国公民的幸福感水平。

通过对以上文献的整理分析发现，体育文化是以强身健体、振奋精神、建立积极生活方式为主旨的体育运动及其产生的拼搏奋斗、超越自我、勇往直前的精神的结合。国家经济水平的高速增长带动体育文化建设的步伐，体育文化的发展正逐步影响着国民的生活方式。充分运用体育设施进行体育锻炼能增强国民的幸福感。

第六节　体育赛事与幸福研究综述

体育赛事作为一种提供竞赛产品和相关服务产品的特殊事件，受到世界各地的广泛关注，独具特色的体育赛事，不仅为城市增添了无限魅力，而且使城市文化内涵更加丰富、文化底蕴更加深厚。体育赛事类型大致可以分为周期性综合赛事、周期性单项赛事、联赛、临时性赛事、主体参与型赛事等，不同类型的体育赛事所产生的社会效益、经济效益等也有着显著差异。目前学术界关于体育赛事对幸福影响作用的研究，多集中于周期性综合赛事（奥运会、亚运会等）与主体参与型赛事等（城市马拉松、登山赛等）（王子朴和杨铁黎，2005）。

奥运会等大型周期性综合赛事对主办国和承办城市的影响深远，在带动投资、推进基础设施建设、增加就业岗位的同时，对提升民生幸福也有着积极的推动作用。

沈建华和肖锋（2004）认为，大型体育赛事的成功举办，不仅可以促进举办城市树立起对外具有感召力、亲和力、吸引力等，对内具有规范力、推动力和凝聚力等的良好的城市形象，而且可以完善市政设施，美化环境，提高市民素质，提升城市生活质量。

杨磊（2006）以北京奥运会为背景，对举办奥运会和国民体育价值观之间的关系进行了分析，研究认为：举办北京奥运会对我国国民体育价值观的影响系统而深刻，它能丰富和发展我国国民的各种体育价值观念和意识，构建新的体育认知结构，从而引导国民形成正确的体育态度；国民体育价值观的建立有利于国民形成正确的体育道德价值取向，营造浓郁的体育道德文化氛围，从而为奥运会的成功举办奠定坚实的群众基础，并为实现奥运的可持续发展创设人文环境；奥运会与国民体育价值观建设的良性互动，将促进中国和谐思想与奥林匹克思想的融合，有利于构建一个维护人尊严的、和平的、理想的和谐社会。

关正春、刘晓盼（2007）认为，承办大型赛事是对一个城市市民的文明程度、城市环境的治理状况、城市经济建设的规划水平等城市综合能力的"大检阅"，举办大型体育赛事有助于提高城市人口素质、提高市民健身意识、丰富城市文化生活、促进城市建设、促进相关产业发展。大型体育赛事筹备时间长、宣传力度大，会激发市民投身体育运动的兴趣，并促进人们相互之间的沟通，满足人们自尊、自信、合作、交往的需要。

刘书元、王智慧（2007）就大型体育赛事的举办对民生幸福的影响进行了分析，初步建立了大型体育赛事的举办对国民幸福总值（GNH）影响的主观测量指标体系。其研究认为这种影响主要体现在以下方面：体育赛事的举办将树立文化价值观和提升身心健康指数；体育赛事的举办从一定程度上改变了承办地区居民的生活环境，提高了居民的幸福感、满足感和成就感；体育赛事的举办将提高承办地区居民的向心感和愉悦感；体育赛事的举办可以促进地区经济的发展，增加就业机会，提升居民的富裕感。大型体育赛事对GNH影响的指标测量体系共包含8个一级指标、15个二级指标、40个三级指标，如表3-1所示。

表 3 - 1　　　　　　大型体育赛事对 GNH 影响的指标测量体系

一级指标	二级指标	三级指标
体育文化	体育文化意识	国民体育意识、文化价值观
	体育文化行为	体育赛场文明行为、参与竞赛组织和服务的志愿者人数
健康感	身体健康	情绪状态、运动次数、饮食情况、大型体育赛事的举办前后市民的体育参与意识
	心理健康	社会适应情况、道德情操、情绪健康、思维健康
满足感	硬环境	体育赛事的举办对城市景观的影响、体育赛事的举办对城市环境的影响、体育赛事的举办对居住环境的影响
	软环境	体育精神对人的激励、体育赛事的举办对价值观的影响、体育赛事的举办对经济的影响
成就感	物质	体育赛事申办成功的收益、人均体育场馆的面积、对物质条件是否感到满意
	精神	是否感受到体育赛事的喜悦、对成功的期待、是否享受竞赛赛事带来的愉悦
向心感	群体向心	爱国主义精神、和谐互助精神、奋发进取精神
愉悦感	市民生活质量	交通情况、体育赛事的举办对交通的影响
	归属感	居住的满意度、社区归属感
富裕感	就业情况	就业压力、就业率、体育赛事能否创造就业机会
	收入比较	人均收入、大型体育赛事的举办是否带动经济增长
认同感	社会认同	对举办体育赛事的认同
	自我认同	生活态度、价值观、幸福感

刘彦（2008）分析了大型体育赛事对城市经济和社会发展的推动作用，认为大型体育赛事对城市经济的推动作用表现为：对城市基础设施建设的影响巨大；促进城市旅游业的快速发展；带动餐饮宾馆零售业的发展；带动广告、房地产业的迅速发展；带动体育产业的发展。对城市社会的推动作用表现为：提升城市形象；促进就业；提高民众凝聚力；有利于城市软环境的建设。

彭延春、常蕾（2009）基于对北京奥运会从申办到举办这一过程的分析，探讨了大型体育赛事对北京市民幸福感的影响，研究认为北京奥运会对市民幸福感的影响主要包括推动首都经济的发展，增加市民收入和就业机会；推动东西方文化交融，弘扬中华民族精神；激发了民族自豪感，增强了国民的凝聚力；交通便利、碧水蓝天，"绿色奥运"迅速提升城市建设管理和生态环境水平；政治稳定、社会安定，"人文奥运"提升北京社会和谐指数；关注奥运、健康生活，奥运意识、健康意识成为北京人社会生活的主旋律。

王智慧（2012）依据指标测量体系，分别在北京奥运会举办前后对北京市 18 个行政区的 9000 名居民进行了调查，研究结果表明：大型体育赛事的举办有效提升了北京市民的幸福感，按提升幅度大小排序依次为愉悦感指数、体育文化指数、满足感指数、健康感指数、成就感指数、富裕感指数等；大型体育赛事举办后北京市民的向心感指数和认同感指数略有下降；影响北京市民幸福感的主要因素包括两大方面，一是交通状况、医疗状况、环境卫生、教育状况等，二是住房条件、现有工作、人际关系水平、人身财产安全状况、个人总体情感水平等。

陈家起、孙蓬飞、张欣欣（2013）分析了南京青奥会对提升市民生活满意度的影响，认为青奥会对南京市民生活满意度的提升作用主要包括引领健康的生活方式，推动全民健身；促进经济发展，使人民生活更加富裕；促进精神文明建设，提升市民素质；改善生态环境，优化居民生活条件，提升南京知名度，增强居民的自豪感。

马娃君（2018）认为，公民自豪感是举办大型体育赛事的非物质遗产，他以 2010 年广州亚运会为例，对亚运会前后的群众精神面貌、志愿者服务意识、大众体育意识进行了比较分析，结果表明，通过 2010 年广州亚运会的举办，广州市民培育、产生了公民自豪感，具体体现在几个方面：对城市文化的理解、认知与认同；市民生活基础设施的改进；市民素质的提升；精神风貌的改善；使城市具有亲和力。

国外学术界中，涉及满意度、凝聚力、认同感、归属感的研究较多。Ritchie 和 Lyons（1990）对卡尔加里人在 1988 年卡尔加里冬季奥运会前后及赛事期间对该届奥运会的认识、认知及认同感进行了长期跟踪调查，发现当地居民对卡尔加里举办冬季奥运会的评价，在赛前有 84.7% 认为是积极的，这一比例到赛后提升至 97.8%，当地居民的民族自豪感、归属感以及健身意识等也有了显著提高。另外，当地居民认为举办这届冬季奥运会的最大成果是提高了卡尔加里的知名度，吸引了游客，带动了经济发展。

Haxton（1999）认为，举办大型赛事能够更好地展示当地居民的凝聚力，赛事环境下，政府所采取的各项惠民举措是增强举办地居民凝聚力的重要手段，如果缺乏凝聚民心的政府举措，那么举办城市可能会把赛事规划成一个高度负责的政治性社会活动，使人们失去赛事举办的选择权和话语权。

De Villiers（2003）指出，大型体育赛事的举办不但代表了最好的人文关怀，为当地居民的互动架起了桥梁，而且赛事举办所修建的基础设施如健身场地等增强了当地人的归属感，推动了人们健身运动的开展。

Preuss（2008）将大型体育赛事对举办地的影响归结为经济、旅游/商务、硬件设施/环境、社会文化、心理及政治/行政管理几个方面。

Lensky 认为，大型体育赛事不应该仅仅作为一种高水平观赏性赛事来对待，更应该视其为复杂的社会政策和做法，它将促进人们自然而然地承担起社会责任并凝聚成一股紧密的力量，进行积极的互动。

在主体参与型赛事的相关研究中，各地的马拉松赛事与社区体育赛事是学术界的研究重点。

孙泽野（2011）对马拉松赛事与举办城市的相关关系进行了研究。研究认为：马拉松不仅促进了城市经济的发展，还促进了政治、文化的发展与交流，扩大了城市知名度和影响力，强化了市民的体育意识，丰富了市民的精神文化生活，提高了市民的文明素质，促进了市民参与体育锻炼的热情，增加了市民的自豪感，增强了市民的民族自信心。

白晓洁（2017）以杭州马拉松为例，研究了马拉松赛事文化与城市居民幸福指数的关系，她将马拉松赛事文化划分为物质文化、制度文化、精神文化，将幸福感划分为物质条件、社会条件、身心健康、自身素质，建立了测量指标体系，研究结果显示：物质文化与城市居民幸福感呈显著性正相关；制度文化与城市居民幸福感呈显著性正相关；精神文化与城市居民幸福感中的物质条件、社会条件两者之间没有关联性，与身心健康、自身素质两者之间呈显著性正相关。其中，物质文化与身心健康之间的相关系数最高，物质文化与物质条件之间的相关系数最低，表明杭州马拉松物质文化的传承与发展影响着杭州城市居民生活品质和健康。

朱昱晓（2018）通过对扬州鉴真国际半程马拉松参赛者运动动机及主观幸福感进行调查，将运动动机划分为健康、能力、外貌、乐趣、社会五个维度，分析了参赛者运动动机的差异性，探讨了参赛者运动动机与主观幸福感的相关性。研究结果显示："扬马"参赛者运动动机与主观幸福感之间显著相关；运动动机对其主观幸福感有预判影响作用；不同运动动机对主观幸福感有不同的影响，健康动机、乐趣动机与主观幸福感中的成长进步体验相关性最强，能力动机、外貌动机与主观幸福感中的家庭氛围体验相关性最强，社会动机与主观幸福感中的身体健康体验相关性最强。

张程锋（2015）以上海市杨浦区延吉街道为例，研究了政府购买社区体育赛事服务对居民主观幸福感的影响，研究认为，居民的整体主观幸福感中，积极的方面是通过参加体育赛事释放了压力，增强了人际关系；不足的方面是项目趣味性、工作人员的专业性等方面有待提高。

周纪全（2016）分析了上海社区体育赛事对居民幸福感的作用机理，研究认为上海社区体育赛事个体特征与组合特征均对提升参与居民幸福感具有正向促进作用，居民参与社区体育赛事获得了愉快等情感体验，提高了交往沟通的频次，降低了孤独感，加深了对体育运动项目的了解，增强了健身的意识，增加了体育锻炼的次数，提升了自我健康感，进而提高了幸福感。

此外，也有一些专家和学者认为，举办体育赛事对幸福感并不完全具有正向作用。黄海燕等（2016）认为，举办赛事会对当地居民带来物质和文化上的冲击，对于这种冲击，居民要么"接受"要么"抵触"，如果冲击超过了居民的忍耐限度，居民就会对体育赛事做出抵触的反应。

庄晓平、李明珠（2011）以广州亚运会为个案，对广州市民对亚运会影响的感知做了调查与分析，得出结论：犯罪活动增加、生活费用提高、环境污染、交通拥堵以及户外体育设施拥挤这些消极影响，在很大程度上挫伤了居民参与赛事的积极性。

通过对国内外的文献进行研究发现，举办体育赛事对提高居民的幸福感确有较为显著的促进作用，受影响的因素主要包括体育意识、健身行为、人际关系、自身素质、自豪感、归属感、认同感等，但赛事举办地也应注意控制一些消极因素对民众的影响，比如大型周期性综合赛事对交通、污染、物价等方面的影响，主体参与型赛事优化项目选择、赛事组织等，以期进一步提高民众对体育赛事活动的感知度、认同度、满意度。

第七节　体育康复与幸福研究综述

李宗述（1995）提出，在 20 世纪 90 年代，体育康复作为体育与医学相结合的一门新兴学科，其功能与作用已得到充分显示。在实施体育康复的过程中，要注意掌握和运用"三个统一"；强调体育康复过程中内因的作用，主张通过具体矛盾的分析选用相应的治疗手段；提出把人体功能的恢复与改善作为体育康复的重要任务；阐明体育康复在预防、治疗和康复过程中的重要作用，以及体育康复与其他医学门类的相互联系；强调体育疗法在体育康复中的重要地位等。

刘黎明、李广周（1999）认为，体育保健与康复，是研究和运用体育学、保健与康复的理论、方法与手段来预防和治疗伤病的一门应用性交叉学科。它既属于体育科学的范畴，也与医学科学密切相关；它不仅是体育科学和医学科学的重要组成部分，而且是一个相对独立的体系，并在运动医学、临床医学、老年病学等学科中占有重要的地位。体育保健与康复主要研究与保健康复有关的运动和训练的方法、手段、措施、组织、指导和监督等一系列的问题，将体育与医学相结合，强身健体。

何艳芳、李颖媛（2003）探讨了保健与康复处方——"经络刮痧法"与太极拳练习相结合对普通高校体育康复课学生心理状态——特质焦虑的影响。结果表明：保健与康复处方有利于减轻学生因疼痛而带来的焦虑，有利于学生掌握保健与康复的理论、方法和手段，有利于培养学生终身体育的意识，从而为体育保健与康复课的改革提供参考。科学的体育保健与康复，可以帮助学生更好地了解身体，让学生养成体育锻炼的良好习惯，培养终身锻炼的能力，增强适应能力和抗病能力，减少由疾病而带来的焦虑。

刘笃涛、马效萍（2003）认为，人体作为一个有机体，生理因素和心理因素是密切相关的。生理上的变化可导致心理上的变化，而心理因素的改变也可导致生理因素的改变。作者通过对体育保健班 27 名学生疾病康复效果进行观察发现，学生经过两个阶段的传统保健项目的康复锻炼，心、肺功能指数进步较大，学生的情绪、自信心也有了很大改善。这充分说明一些伤、病以及先天发育不良的学生，可以通过体育保健锻炼增强体质，使某些疾病得以治疗。所以说，学校开设体育保健课，对患病学生的治疗和体质恢复有着重要作用。它不但充实了体育教育改革的内容，而且为这些学生正常完成学业创造了条件。

刘国华等（2012）提到，随着我国社会经济的发展和文化的进步，全民健身运动已成为国民生活方式的主旋律。现代疾病、人口老龄化和伤残人口的增加，对体育保健与康复医学的发展也提出了更高的需求。作者对安徽省86 名专业运动队教练进行问卷调查，调查发现，康复机构和专业人员的数量都远远不能满足康复市场的需要，这从侧面说明了体育康复保健的重要性。科学运动对健康的促进和国民体质的提高有着重要的作用，缺乏科学指导的运动，或是缺乏医务监督的剧烈运动，都可能给运动者带来运动疾病、创伤甚至猝死等严重后果。

吴运明（2013）提出，体育保健作为一种心理治疗和康复的手段在国内外已成为常用方法，研究表明，体育保健是保持或促进心理健康，消除心理疾病的一个有效途径。在新的形势下，有必要在正确的中医养生观念指导下，通过适当的体育保健达到减压、保持身心健康的目的。

董波（2017）提出，在开展相关的体育教学以及相关活动的过程中，人们已经不仅仅重视对体育技能的关注，还加强了对体育保健理论的学习和实践。体育保健作为体育事业的一部分，其主要针对下述人群：一是身体异常和病弱的人，二是机体损伤处于恢复期的人，三是缺乏自我保健、运动习惯较差的人。由体育保健学相关原理分析可知：人体生命活动的基本特征与其影响因素之间有着相互制约的内在联系。因而，在体育保健开展的过程中，主要是通过相关锻炼推动身患疾病的民众逐渐增强体质，缓解疾病带来的负面影响，推动其身体的恢复。

王勤宇等（2017）认为，人们长期生活在竞争力强、节奏快及效率高的生活环境中，对自身素质提出了较高的要求，体育保健知识能够满足当前人们对健康的诉求。体育保健学科的内容主要包括保健按摩、体育卫生、体育伤病的预防和处理等。加大对体育保健知识的运用，掌握体育保健的方法，对体育运动参与者给予积极的指导，能够达到增强国民体质及提高国民健康水平的效果。体育保健学知识对促进全民健身运动的顺利开展具有重要作用，为大众的身体健康和幸福生活提供了保障条件，促进了国民体质的进一步增强。为促使全民体育健身运动的顺利开展，需要充分发挥体育康复保健的指导性作用，全面提升体育健身运动的价值和效果。

王琦（2018）总结到，运动康复属于健康产业中的一部分，它主要是以运动为基本手段，结合医学、心理学等方面的知识对需要接受康复训练的人群进行诊疗并且努力在最大限度上使其身体恢复到正常水平。现在我国面临着老龄化、残疾人的生活自理、病人术后的康复、慢性病和亚健康人群以及运动人群损伤恢复需求等问题，需要专业人士根据他们的病症与情况进行更有针对性的诊治与协助康复，发挥体育养生保健、康复理疗、防治疾病及释放人们压力的作用，进而达到促进健康生活和调节生活质量的效果。

2016 年 10 月，中共中央、国务院印发了《"健康中国 2030"规划纲要》（以下简称《纲要》），《纲要》每章不同程度涉及如何改善和加强卫生、医疗和体育干预的措施和方法，其中在第二篇第六章（提高全民身体素质）中明确指出，要加强体医融合和非医疗健康干预，要发布体育健身活动指南，建立、完善针对不同人群、不同环境、不同身体状况的运动处方库，推动形成体医结合实际的疾病管理与健康服务模式，发挥全民科学健身在健康促进、慢性病预防和康复等方面的积极作用。

通过对以上文献的研究，我们发现，直接探讨体育康复保健与民生幸福关系的研究几乎没有，但是这并不意味着体育康复保健与民生幸福无关，相反，体育康复保健对于人们身体素质、心理素质以及体育竞技水平的提升有着重要作用。随着人民群众物质和文化生活水平的提高，人们的闲暇时间逐渐增多，业余生活日趋丰富，人民群众对健康、养生的关注度越来越高。时代的发展推动群众体育、休闲体育登上了现代生活的舞台，现代体育也从竞技体育回归大众健身体育，健身、娱乐、休闲的大众体育席卷全球，成为世界体育发展的主流。人们开始通过各种形式的体育运动来促进身体健康；人们对健康的关注度日益升温，深刻地认识到了体育康复保健的重要性。体育康复保健为全民健身和幸福生活创造了良好的环境，为国民体质的进一步增强打下了良好的基础。

第八节　体育科教与幸福研究综述

1995 年，我国提出了"科教兴国"战略，其价值导向在于人的提高与发展，即通过科技和教育来提高全民族的科技文化素质，通过全民族科技文化素质的提高来实现国家富强和民族振兴，而国家富强和民族振兴的终极目的又在于促进人的全面发展。在此战略引领下，我国体育界也越来越认识到，体育的振兴，最终依赖于体育人才，最终惠及全体国民；而人才的成长和培育，离不开广泛而坚实的社会基础。基于此，1996 年，原国家体委提出了"科技为翼，人才为本"的体育发展方针；1999 年，第六次全国体育科技工作会议把人才培养战略纳入了体育发展"十五规划"；2000 年，我国颁布《2001—2010 年体育改革与发展纲要》，正式提出"科教兴体"战略，其基本内涵是"坚持发展体育事业必须依靠科学技术，体育科技工作必须面向体育实践的方针"。科学技术的依靠主体发生了变化，即从"体育振兴"到"体育事业发展"；体育科技"面向"的对象也发生了变化，即从"体育运动"到"体育实践"。从实施"科教兴体"战略至今，全国上下牢固树立人才资源是第一资源、科学技术是第一生产力的观念，重视和发挥科技、教育、人才在体育事业发展中的关键作用，我国依靠体育科技的进步，依靠体育教育的发展，依靠体育人才队伍素质的不断提高，发展和壮大体育事业，形成了群众体育与竞技体育全面发展、体育事业与体育产业协调发展、城乡体育均衡发展、区域体育联动发展的良好格局。

我国始终把"增强人民体质"作为体育发展的目标，以"举国体制""奥运争光计划"提高体育，以"全民健身活动"普及体育，其目的都在于"增强人民体质"，促进全民健康，让人民群众生活过得更好。诚然，在我国综合国力相对不强、国民生活水平相对较低、体育在国际舞台话语权较弱的时代，以"科技兴体"战略重点发展竞技体育便成为一种必然选择；而在我国综合国力持续增强、国民生活水平不断提高、社会体育需求日益多元的背景下，实施"科教兴体"战略是一种新的时代要求，以"科技"与"教育"提高体育人才的科学文化素质，为竞技体育发展提供有力的人才支撑；以"科技"与"教育"提高民众的体育参与度，增强民众体育健身的科学性和有效性，从而达到竞技体育与群众体育高质量的协同发展，是全民健康的目标。

随着"科技兴国"战略开始向"科教兴国"战略嬗变，与此相适应，原国家体委也提出实施"科教兴体"战略，并提出了"群众体育与竞技体育协调发展"的要求，"科教兴体"战略的价值取向也从优先发展竞技体育向协调发展群众体育与竞技体育转变。这种转变我们可从《2001—2010年体育科技发展规划》中看出，2014年10月，我国正式把全民健身上升为国家战略，表明群众体育与竞技体育在地位上同是"国家战略"；2016年颁布的《"健康中国2030"规划纲要》，把全民健身纳入健康中国服务体系，将其作为建构健康中国的辅助手段和重要路径，这也意味着群众体育与竞技体育发展将更为协调、更加融合，这也正是"科教兴体"战略的价值取向。

近年来，国内外学者在幸福与体育科教方面的研究，主要体现在以下几个方面。

第一，宏观民生幸福研究领域。例如，不丹模式中的民生幸福指标体系，有经济增长、环境保护、科教文化发展和政府善治4个一级指标；卡尼曼提出的日重现法为福利社会计量体制的发展和社会政策提供了有意义的工具，其就将科教水平纳入其中；钟永豪等（2001）提出的民生幸福指标体系，认为GDP从来都不是衡量社会经济福利状况的指标，要将科教、卫生、人居环境等指标纳入幸福指标体系。

第二，城市幸福研究领域。例如，安尼尔斯基（2010）在真实发展指数（GPI）基础上对加拿大艾伯塔省雷锋克社区进行调查，并提出了包含人力资本、社会资本、经济资本、人造资本和自然资本在内的真实福利指标体系，下设公共卫生、科教文化、体育事业等21个二级指标和117个三级指标；曾鸿和赵明龙（2012）将城市幸福分为客观指标和主观指标两大体系，客观指标体系包括生存状况和生活质量两方面，主观指标体系包括生存状况满意度、生活质量满意度、情感认知满意度和人际及个人与城市的和谐 4 个方面，而受教育程度和身体健康在生活质量满意度中占比较高；中国幸福城市评价体系课题组从基本需求、发展需求（包含科教接受水平）和享受需求 3 个方面设置指标体系，经过模型计算，对全国 33 个大城市进行了幸福城市排名。

第三，微观民生幸福研究领域。例如，黎昕等（2011）构筑了非常具体的幸福指标体系，一级指标依据对幸福感的影响程度从大到小依次为经济状况、健康状况、家庭状况、受教育状况、社会状况和环境条件，下列 44 个二级指标；刘国风和李军（2012）定义了幸福的 4 个层面，按照权重依次排为物质条件、社会条件、身心健康和自身因素，下含教育水平、职业状况、科技普及情况等 19 个子项；罗建文和赵嫦娥（2012）构建的居民幸福评价指标体系由客观评价指标和主观评价指标组成，客观评价指标包含居民工作状况、居民收入状况、居民生存环境、居民精神生活状况和居民身体状况，主观评价指标包含生存状况满意度、生活质量满意度、受教育水平满意度、人际交往和谐满意度、婚姻家庭满意度和个人价值实现满意度。

综上所述，国内外专家对体育科教与幸福的研究大多是将居民的科教水平作为一个不可或缺的指标纳入幸福指标体系的，而在当今"科教兴体"战略的引导下，以"科技"与"教育"提高民众的体育参与度，增强民众体育健身的科学性和有效性，从而达到竞技体育与群众体育高质量的协同发展，实现全民健康的目标追求，对民生幸福的影响力将越来越突出。

第四章 民生幸福指数影响因素 研究综述

幸福指数作为反映幸福感的指标，是幸福感测量的具体表征。为评价人们的幸福感觉，需要对幸福感加以度量，并通过一定的方式得到幸福指数。为此，需要对幸福指数的指标进行选取和设计，构建符合实际需要的指标体系。居民幸福指数包括社会活动、社会地位、财富状况、交际能力和身体状况等。

第一节 人居环境与幸福研究综述

党的十八大报告特别指出，中国特色社会主义事业总体布局由经济建设、政治建设、文化建设、社会建设"四位一体"拓展为包括生态文明建设的"五位一体"。党的十九大报告中进一步强调生态文明建设的重要性，并指出要加快生态文明体制改革，建设美丽中国。这给城市人居环境建设带来新的启示——只有经济、政治、文化、社会、生态的全面协调可持续发展，才能为城市居民提供良好的人居环境。在 1993 年中国科学院技术科学部大会上，吴良镛提出"中国要向人居环境学进军"。人居环境是指人类居住生活的自然的、政治、经济、社会和文化状况的总称。可见，城市人居环境是一个在自然、经济、社会、文化、技术等多种因素的综合作用下形成的人工环境系统，由城市居民及与居住生活有关的各种基本要素构成。

21 世纪，人居环境的建设和发展呈现出 3 大趋势。一是追求人文与自然的协调共存。这一理念促进人们重新认识自然、亲近自然、拥抱自然，以弥补城市工业发展和空间高密度开发对城市生态和人们心理健康所造成的伤害，体现良好生态环境对提高人类生存质量的作用，从而使良好的人居环境成为优化人们身心素质的基础和社会发展的有利条件。二是注意生产与生活的生态保护。人居环境建设既要创造舒适、安全、方便的人类可持续生活环境，又要提供充裕的就业机会和符合需求的社区服务设施，并且不以牺牲生活环境为代价。注重生态平衡发展，才能使人居环境成为人类生存和发展的最佳场所和获取幸福的源泉。三是强调物质享受和精神满足的统一。一方面，人居环境建设要为人们的生活、教育、卫生、休闲等提供必要的物质享受条件，创造丰富多彩的物质产品和服务；另一方面，人们在满足物质生活需要的同时，对精神生活的追求日益迫切，如对情感的需求、文化的需求、社会参与的需求等。

学界对人居环境包含的内容进行了界定和阐释。吴良镛（2001）认为人居环境是人类聚居生活的地方，是与人类生存活动密切相关的地表空间，它是人类在大自然中赖以生存的基地，是人类利用自然、改造自然的主要场所。人居环境的核心是"人"，人居环境研究以满足"人类居住"的需要为目的。大自然是人居环境的基础，人的生产生活以及具体的人居环境建设活动，都离不开更为广阔的自然环境。人居环境是人类与自然之间发生联系和作用的中介，人居环境建设本身就是人与自然相联系和作用的一种形式，理想的人居环境能使人与自然和谐统一。人居环境内容复杂，人在人居环境中结成社会，进行各种各样的社会活动，努力创造宜人的居住地（建筑），并进一步形成更大规模、更为复杂的支撑网络。人创造人居环境，人居环境又对人的行为产生影响。

陆一帆、梁林和方子龙（2004）提出人居环境具有多元特性：首先表现为经济特性，如居住水平和状况、出行条件、消费环境等；其次表现为自然地理及生态特性，如城市的自然风光、气候条件、地理特征、园林植被及生态保护状态等；再次表现为社会特性，更多地体现在为居民所创造的各种属于社会属性的生活功能和服务功能；最后表现为文化特性，如城市所具有的文化品位和相应的功能系统，前者主要指一个城市的文化和市民精神及社会风尚，后者主要指城市的文化设施。人居环境是一个复杂的大系统，包括物质、行为、制度和文化4个层面，且层层深入发展。物质层面，主要反映人居环境的物质要素及其空间范畴；行为层面，主要反映人居环境中人类与其他生物或非生物的活动或关系；制度层面，主要反映人类对各种行为或关系的规范、约束、制裁、预防等；文化层面，主要反映人类对人居环境的态度、观念、习俗、宗教等。

朱振国、姚士谋（2004）认为，"人居"是指发生有组织的人类活动的地方，环境是相对于一定主体而言的，一般是围绕某个中心事物的外部客观存在的总和。现代城市生态学认为，城市是一种以人为主体的复合生态系统，因而城市人居环境是由围绕城市人群的各种环境因素构成的系统整体。从构成人居环境的基本因素看：城市建筑是基本因子，它直接提供人类居住、工作的空间；具有前瞻性的市政基础设施是重要因素（道路、给排水系统等），如果这些设施不完善或前瞻性不够，会给城市居民的生活带来不便；城市的自然系统——生态基础设施，是城市及其居民能持续获得自然服务的基础，因而是人居环境的基本部分，它不仅包括城市绿地系统，而且包含一切能提供自然服务（如提供新鲜空气、食物、体育、休闲娱乐、安全庇护以及审美和教育等）的林业及农业系统等。

董新光、曹彧、徐焕新（2003）阐述了社会体育与自然环境、社会环境、人居环境之间的关系。自然环境是一种体育资源，社会体育的发展过程是对自然环境利用与保护的矛盾统一；社会体育是社会环境的一部分，社会体育的发展要与社会环境的变化协调一致；社会体育作为人居环境的一部分，它的发展要与人居环境共生、共荣。社会体育与自然环境、社会环境、人居环境的关系如图 4 - 1 所示。

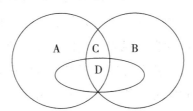

A：自然环境　B：社会环境
C：人居环境　D：社会体育

图 4 - 1　社会体育与自然环境、社会环境、人居环境的关系

　　从以上文献可以看出，人居环境是自然环境的一部分，以下从空气、绿地、噪声等角度分析了自然环境对居民幸福的影响。

　　自然环境包含空气、植物等多种要素，空气作为人们接触最多的自然环境要素，是学者研究影响主观幸福感的自然环境变量中的关注重点。空气污染对人们的主观幸福感具有负面影响。Rehdanz 和 Maddison（2008）的研究表明，如果居民认为空气受到了严重的污染，则其幸福感水平较低，Mackerron 和 Mourato（2009）同样认为，那些认为空气质量较差的居民，会倾向于感觉自己生活较不幸福。Welsch（2002）通过分析 54 个国家的空气质量横截面数据，发现若以二氧化氮排放量定义空气质量，则空气污染会对人们的主观幸福感产生显著的负面影响，此后 Welsch（2006）又利用欧洲 10 个国家在1990—1997 年的面板数据进行了研究，同样得出了空气污染程度与主观幸福感显著负相关的结论。Luechinger 和 Raschky（2009）采用欧盟国家数据进行了研究，发现空气中二氧化硫的浓度会显著影响人们的主观幸福感。Ferreira等（2013）同样通过分析欧洲国家的数据得到了相似的结论，空气中二氧化硫浓度的增加会导致居民主观幸福感的下降。Levinson（2012）将 1984—1996年美国个人幸福感调查数据与每日空气质量数据进行了关联，发现空气污染对美国居民的幸福感有负面影响，尤其是空气中 PM10 的浓度与居民幸福感显著负相关。Cunado 和 de Gracia（2013）对西班牙地区的研究也表明空气污染会降低人们的主观幸福感。

　　除空气外，绿地同样与居民的幸福感有着显著关联。许志敏、吴建平（2015）认为，住所周围的绿地能够减弱消极事件给居民带来的压力，社区内的绿地与居民的社区满意度，以及居民对健康和寿命的感知均有较强的相关性。由此可见，绿地等自然环境因素对居民的幸福感具有明显的促进作用。

　　程根银等（2011）认为，噪声与人的幸福感关系密切。噪声会使人产生烦躁和忧郁等情绪，还会影响人的工作、学习效率，从而导致人的幸福感下降。van Praag 和 Baarsma（2005）对生活在荷兰阿姆斯特丹机场附近的居民进行的一项调研显示，受噪声的影响，生活在距机场 20 千米以内的居民的幸福感明显低于居住地离机场较远、受噪声污染较小的居民的幸福感。

第二节 生活质量与幸福研究综述

生活质量是指在一定时期内，在某一国家或地区，人们生活的社会环境和生活保障的状况。生活质量的好坏，不仅取决于生产发展水平，而且取决于生产关系和社会制度的性质。

生活质量概念最早出现在美国经济学家加尔布雷思（John Kenneth Galbraith）所著的《丰裕社会》一书中。该书主要揭示了美国居民较高的生活水平与社会的、精神的需求满足相对落后之间的矛盾现象。在他 1960 年发表的美国《总统委员会国民计划报告》和鲍尔（R. A. Bauer）主编的《社会指标》文集中正式提出了生活质量这个术语。此后，生活质量研究逐渐成为一个专门的研究领域。20 世纪六七十年代，美国学者对生活质量的测定方法及指标体系做了大量研究。20 世纪 70 年代以后，生活质量研究相继在加拿大、西欧和东欧以及亚洲和非洲的一些国家展开。20 世纪 80 年代初，中国学界开始结合国情对国民生活质量指标体系及有关问题进行研究。

程继隆（1995）在《社会学大辞典》中阐述了生活质量的内涵及其内容。生活质量的内涵：生活质量主要反映人们生活的社会条件的质量特征，特别是社会关系的状况，而不能全面反映人们生活的社会条件的数量特征，因此生活质量较高而生活水平不一定较高。所以在评价人们生活的社会条件时，必须将生活质量与生活水平结合起来。生活质量是影响生活方式的重要因素，不同的国家或地区人们的生活质量不同，其生活方式也必然存在差异。

生活质量的内容如下。

①经济生活：社会各阶层收入水平和消费水平的差距程度，全社会生活在贫困线以下的人数占总人口的比例，可靠的经济来源和富足的生活日用品供应状况，劳动安置、居住和休息的平等权利。

②政治生活：个人参与政治生活和公共事务管理的积极性，公民享有民主权利和自由的程度，公正无私的法律制度。

③精神文化生活：受教育和交往中的平等权利，丰富多彩而又健康益智

的闲暇生活，团结互助、乐观向上的心理气氛。

④社会保障：社会保障费用占国民收入的比例、就业率、享受社会保障人数占全社会劳动者的比例、老年人和残疾人的社会保障程度。

⑤社会安全：每万人刑事案件发生率和破案率，交通事故、自杀、他杀等人口非正常死亡率，离婚率。

⑥生活劳动环境：城市人均绿地面积、城市人均环保费用及环保费用占财政支出的比例、工业"三废"处理率、劳动保护设施状况。

生活质量指标体系分为两类（舒浪，2011）。

①客观条件指标：人口出生率和死亡率、居民收入和消费水平、产品的种类和质量、就业情况、居住条件、环境状况、教育程度、卫生设备和条件、社区团体种类和参与率、社会安全或社会保障等。通过对这些客观综合指标进行比较分析，可以权衡社会变迁程度。

②主观感受指标：主要测定由某些人口条件、人际关系、社会结构、心理状况等因素决定的人们的生活满意度和幸福感。对满意度的测定通常分为生活整体的满意度和具体方面的满意度。

陈思洁（2017）认为生活质量反映了居民的生活条件，会对居民幸福感产生直接的影响。生活质量涉及家庭、教育、医疗、住房、交通、旅游等方面。可以通过被调查者对自己的生活状况作出的评价来了解被调查者的生活质量，如对当地教育状况的评价、对医疗服务水平的评价、对当地交通出行状况的评价和对当地旅游行业从业人员的服务水平的评价。

孙凤（2007）主要通过工作、居住条件、收入、家庭生活和人际关系反映生活质量的指标测量居民幸福指数。

汤凤林、甘行琼（2013）在中国居民幸福感影响因素分析中提到了很多影响居民幸福感的因素，既包括宏观层面的也包括微观层面的。其中，微观层面的一些指标包括收入水平、健康状况、教育程度等。他们还在研究分析中国居民幸福感影响因素的基础上构建了人均 GDP、人均财政支出、通胀率和城市化率、家庭经济状况和家庭人均收入等指标。对居民幸福感，则仍然通过询问被调查者是否幸福来测量。

第三节 教育发展与幸福研究综述

幸福和教育同时起源于人类社会形成之初。教育从一开始就是人类追求幸福的手段，它是为人们追求幸福服务的。人的幸福是教育内涵应有之义。人类社会发展的核心和直接动力是人类劳动，幸福则是从人类内心生发并作用于外在的动机，教育作为这个过程的传递工具，也受到这个过程的驱动。中国几千年的教育史料记载着不同朝代、不同时期的教育目的，古代社会的教育目的是为皇权贵族培养统治人才；近代社会的教育目的则是为国家富强、民族繁荣培养"新民"；现代社会的教育目的便是培养社会主义事业的建设者和接班人。教育目的不仅具有政治、经济功能，还是个体生存、发展的寄托与源泉，是稳定社会秩序的坚实基础。

教育泛指影响人们知识、技能、身心健康、思想品德的形成或改变人们思想意识的活动。教育主要指教育者根据社会（或阶级）的要求，有目的、有计划、有组织地对受教育者的身心施加影响，把他们培养成为一定社会（阶级）所需要的人的活动。教育本身就是一个世界，同时也是整个世界的反映。当教育在为社会作出贡献时，它是服从于社会的，特别是当它在保证社会发展所需要的人力资源时，它帮助社会调动它的生产力。教育来源于社会，同时也影响着社会。从一个角度来看，教育和社会形成同心圆，从另一个角度来看，教育却是高于社会这个层面的。教育来源于社会又高于社会，教育还可以作用于社会。

培根认为，幸福有两个层面，个体幸福和社会公共幸福。他认为，之前的学者之所以没有把个体幸福和公共幸福结合起来是因为只重视个人的快乐和幸福，或只关注社会公共幸福，这是脱离自然、脱离实际的必然结果。教育来自人们对社会公共幸福的追求，它是社会公共幸福的本源。既然教育寄托了人关于幸福的理想，从外在看，教育关注幸福就是它存在的必然条件和要求。教育的内部初始状态就是为每个个体的幸福而努力，这是教育的题中应有之义。

薛忠祥（2009）认为，教育的价值追求在于服务国家的政治、经济、文化、科技等方面，提高国家的综合国力，促进国家的生产力以及经济社会的发展。教育是为了满足国家的现实需要，追求的是国民素质的提高，它重视的是全社会的幸福，或者说国家的幸福。在社会价值取向作为教育活动的核心价值取向的过程中，个体幸福是被动地与社会幸福合为一体的。也就是说，个体的幸福体现了社会的幸福，然而社会的幸福是与国家的综合国力、国民素质等相联系的。

向晶（2009）认为，教育是培养人的事业，是一个通过培养人让人类不断走向崇高、生活得更加美好的事业。

诺丁斯（2012）认为，幸福是人类生活的永恒情结，追求幸福是推动人类发展的原动力，这是一个自明性的人类生存事实。人类主要关心的东西就是幸福。亚里士多德认为，幸福是终级的和自足的，它是行为的目的。显然，以服务于人的生活为使命的教育活动，自然也要以成就人们的幸福生活为使命。"幸福与教育具有内在的一致性；幸福应当成为教育的目的，而好的教育能够增进个人与公共幸福"。真正的教育是能够使人获得幸福能力的教育。教育就其目的而言应该是培养人的幸福能力、生活能力；就其过程而言，其本身也应该是一种幸福、一种生活。然而，今天我们的教育中却存在大量偏离生活、背离幸福的现象。这些教育现象在一定程度上片面地追求眼前成果，将原本连续的生活人为地分成片段，违背了教育追求个体完整幸福的使命。

综上，国内外的学者研究指出，受教育程度与幸福体验成正比。在现实社会中，人们如果受到较高的教育，就可能获得相对较多的机会，去争取社会政治或经济生活中相对较高的待遇或较大的发展。通过教育，人们获得了感受和追求幸福的能力，教育传授给人们基本的文化知识，教给人们不同地区的风俗语言，以及专业的相关技能和知识。一般来说，受教育多的人，获得良性发展的机会和条件较多，他们的生存条件也会更好，而生存条件好的一个重要指标便是经济条件存在优越性。

第四节　卫生健康与幸福研究综述

卫生健康是影响整体幸福感的重要因素之一，是人生的宝贵财富，是高质量生活的生理前提，是事业成功的首要条件，是幸福生活的重要保证。卫生健康和心情愉悦是追求幸福的基础。一个人要有充沛的精力去创造幸福，就需要保证自己不受病痛的折磨，也就是我们平时所说的"身体是革命的本钱"，有了健康的身体才能适应高节奏、多变化、高挑战的工作，从而可以为社会创造价值，实现自己的人生价值。

2015年10月29日，中国共产党第十八届中央委员会第五次全体会议通过了《中共中央关于制定国民经济和社会发展第十三个五年规划的建议》，向世界宣告了健康中国迈向未来的重要一步。健康中国的内涵，不仅是确保人民身体健康，更是涵盖全体人民健康身体、健康环境、健康经济、健康社会在内的四位一体"大健康"。纵观全球，早在20世纪70年代一些国家就开始将健康促进作为公共服务的主要模式，启动实施国民健康提升计划，从公民健康测评、疾病监控等多个方面提升全民健康素养。

健康包括生理健康和心理健康两个方面。生理健康就是指身体健康，是指身体的生理机能都处在良好的运行状态。心理健康则是指精神健康。这两个方面缺一不可，任何一个方面有问题都会让健康受到影响，良好的心理状态会促进生理上疾病的痊愈，而生理上的疾病也会影响人的心情，二者互相影响、互相依存。人的身体健康在很大程度上取决于心理健康，心理健康是身体健康的保障。心理健康的人一般心胸开阔，对环境的适应性比较强，所以身体会随着环境的变化而自动调节。

亓寿伟和周少甫（2010）对医疗保险制度进行研究后认为，公费医疗可以显著提高农村老年人的幸福感，城镇职工医疗保险和合作医疗分别对城镇和农村老年人的幸福感具有积极的作用。

Helliwell和Huang（2008）研究了医疗卫生质量对不同发展水平国家居民幸福感的影响，结果展现出不同的特征。医疗卫生质量对相对贫穷的国家来说更重要。在他们之后的研究中，也有说明类似观点的文献。他们在研究中提到，只有当一个国家的大部分居民摆脱了贫困时，政治因素才能发挥作用，在那之前经济因素的作用更大。在发展中国家，居民希望政府能够提高技术质量，提供健全的制度框架，促进社会的物质繁荣，以满足他们的基本需求，进而让他们得到更多的发展机会。比如，对一个生活在非洲发展中国家的居民而言，医疗条件和住房条件的改善比民主程度的提高更为重要。

Ott（2010）认为，当国家的经济发展到一定水平后，人们的基本生活需求得到满足，政府的民主质量对居民幸福的作用越来越重要。

赵新宇和高庆昆（2013）认同科学技术、医疗卫生和教育等分项支出对居民主观幸福感的促进作用。鲁元平和张克中（2014）的研究结果表明，政府在教育、医疗和社会保障方面支出的增加对幸福有显著的促进作用。他们的实证研究证明了增加政府公共支出对于增强居民幸福感的明显效果。胡洪曙和鲁元平（2012）专门研究了公共支出对农村居民主观幸福感的影响，他们认为，公共支出是通过影响消费进而影响农村居民主观幸福感的，通过提高社会性支出能够提升农村居民的主观幸福感。

综上所述，医疗卫生与幸福之间有着千丝万缕的联系。卫生医疗健康对我国居民主观幸福感有显著的影响。政府的医疗卫生支出和社会保障支出等分项支出，对居民主观幸福感有显著的正效应；医疗卫生质量对居民主观幸福感的正效应更强。

第五章　民生幸福指标选择与模型构建

模型是指对某个实际问题或客观事物、规律进行抽象后的一种形式化表达方式。模型结构是为解决某种问题而创建的模型自身各种要素之间相互关联和相互作用的方式。民生幸福指标涉及很多研究要素，根据已有研究成果，本研究从人居环境、生活质量、教育发展、卫生健康、公共体育服务等维度构建民生幸福模型。

第一节　民生幸福指标体系筛选

一、民生幸福的定义和内涵

本研究认为，幸福是人们对其客观生活环境是否满意的主观心理体验和心理状态，是一个人价值观的体现。本书研究公共体育服务对民生幸福的影响，因此本书定义的幸福包含了体育维度，所构建的指标体系在人居环境、生活质量、教育发展、卫生健康等的基础上增加了公共体育服务。民生幸福指数是在构建幸福指标体系的基础上对各指标进行加权平均计算的结果，是对幸福感的量化。

二、民生幸福指标体系的构建

笔者根据文献梳理和实地调研情况，在一般幸福指标体系的基础上增加了公共体育服务，形成了包括人居环境、生活质量、教育发展、卫生健康和公共体育服务 5 个一级指标，以及 33 个二级指标的民生幸福指标体系，如表 5 - 1 所示。

表 5 - 1 民生幸福指标体系

研究目标	指标				单位	权重
	一级指标	序号	二级指标			
民生幸福	人居环境	1	人均公共体育绿地面积		m²	
		2	城市污水处理率		%	
		3	城市垃圾无害化处理率		%	
		4	人均居住面积		m²	
		5	人均城市道路面积		m²	
		6	工业烟尘去除量		t	
		7	工业废水排放达标量		t	
		8	工业二氧化硫去除量		t	
	生活质量	9	城镇居民人均可支配收入		万元	
		10	农村居民人均可支配收入		万元	
		11	失业率		%	
	教育发展	12	高校数		个	
		13	高等学校在校学生		人	
		14	义务教育普及率		%	
		15	人均教育经费		元	
		16	普通高等院校专任教师数		人	
		17	普通中学数		个	
		18	小学数		个	
	卫生健康	19	每千人医生护士数		人	
		20	每万人医院数		个	
		21	每千人拥有病床数		个	
	公共体育服务	22	当年政府体育民生实事项目数		个	
		23	人均公共体育服务经费		元	
		24	3A 级以上体育社团个数		个	
		25	人均公共体育场地面积		m²	
		26	城乡社区体育公园覆盖率		%	
		27	每万人拥有健身步道千米数		km	
		28	每万人拥有晨晚练健身站点数量		个	

研究目标	指标			单位	权重
	一级指标	序号	二级指标		
民生幸福	公共体育服务	29	每万人拥有社会体育指导员数量	人	
		30	年开展体育健身讲座的次数	次	
		31	年开展群众体育活动次数	次	
		32	年承办体育赛事次数	次	
		33	年体育产业总规模	亿元	

第二节　模型建立和权重确定

一、研究指标选择

民生幸福不是靠单一要素的作用，也不是靠各个要素作用的简单相加，而是靠各构成要素的科学加权平均。国内已经有将行业各指标综合考量的指数研究法，如物流综合指数研究等（陈刚、乔均，2010）。本研究提出的民生幸福指标体系由人居环境、生活质量、教育发展、卫生健康和公共体育服务5个一级指标，33个二级指标组成，各指标之间相互联系、相互依赖、相互制约、相互作用。孤立地强调或限制任何一个要素或指标，都不能完整地、准确地体现和评价一个地区的民生幸福。因此，怎样根据评价指标体系把33个指标值综合起来，采用何种方法科学地解决各个指标权重问题和指标量化问题，对幸福的评价至关重要。综合权衡各测评方法，本研究将加权和模糊隶属度函数法确定为江苏省民生幸福评价的有效方法。

采用加权和模糊隶属度函数法构建江苏省民生幸福评价模型，需要解决两个关键问题：一是如何科学地确定各指标的权重，本研究已采用评价指标体系权重赋值的层次分析法（AHP）模型；二是如何科学地进行指标的无量纲处理，使其量纲、表现形式以及与总目标的作用趋向不同的指标之间具有可比性，进而构建江苏省民生幸福评价模型。对评价指标体系中的指标进行标准化和正向化处理后，所有指标均表示越大越好，因此本研究采用模糊隶属度函数法中的半升梯形模糊隶属度函数对各指标的"实际数据"进行标准化。半升梯形模糊隶属度函数如下：

$$\Phi_{(e_{ij})} = \frac{e_{ij} - m_j}{M_j - m_j} = \begin{cases} 1 & ,e_{ij} = M_j \\ \dfrac{e_{ij} - m_j}{M_j - m_j} & ,m_j < e_{ij} < M_j \\ 0 & ,e_{ij} = m_j \end{cases}$$

其中，e_{ij} 为第 i 个地区第 j 个指标的具体属性值（$i = 1$，2，…，m，代表参与评价的地区个数；$j = 1$，2，…，64，代表指标个数）；M_j、m_j 分别代表第 j 个指标的最大值与最小值；$\Phi_{(e_{ij})}$ 代表指标模糊隶属度函数值，其值介于 $0 \sim 1$。

量化值消除了量纲的影响，使不同指标之间有了可比性，某指标的模糊量化值越大，表明该指标的实际数值越接近最大值 M_j；量化值与其相应权数的乘积越大，表示该指标的数值对总目标的贡献就越大；量化值与 1 之间的差，即该指标与最大指标或"先进指标"水平之间的差距。

指标权重和量化值确定以后，采用以下公式计算公共体育服务指数：

$$f(i) = \sum_{j=1}^{33} \Phi_{(e_{ij})} w_j$$

其中，w_j 表示第 j 个指标的权重，$\Phi_{(e_{ij})}$ 表示第 j 个指标的模糊隶属度函数值。

最后，根据计算出来的 $f(1)$，$f(2)$，…，$f(n)$ 排序，得到江苏省各市民生幸福的综合得分和排名。

二、指标权重的确定

指标权重是指标相对于评价目标重要性的一种度量，不同的权重往往会导致不同的评价结果。不同的人对同一指标会有不同程度的理解，即使同一个人对同一指标在不同时间和背景下也会有不同的认识。因此，保证指标体系权重分配的科学性和合理性，一直是评价和赋权工作的重要领域。

从国内外指标体系权重研究现状看，权重的确定主要有主观赋权法和客观赋权法两大类，具体包括专家调查法、二项系数法、层次分析法（AHP）、主成分分析法（PCA）、直接给出法（DDM）、比较矩阵法（CMM）、环比评分法（CCM）、模糊区间法（FIM）、重要性排序法（IOM）等，其中运用范围较广泛且较成功的方法是层次分析法（AHP）。本研究运用层次分析法对各指标的权重进行确定。另外，笔者对江苏省的苏南、苏北、苏中的多个地方进行深入调研，并邀请全省体育部门的一线工作人员进行打分，最后根据调查表的数据进行加权平均，进而得出我们课题中的对比矩阵。

层次分析法是一种定性和定量相结合的，系统化、层次化的分析方法。层次分析法将决策问题按总目标、各层子目标及具体评价指标的顺序分解为不同的层次结构，然后用求解判断矩阵特征向量的办法，求得每一层次的各元素对上一层次某元素的优先权重，最后再用加权和的方法递阶归并各指标对总目标的最终权重，整个过程体现了人的决策思维的基本特征，即分解、判断、综合。经过理论上的不断发展和应用范围的逐渐扩大，层次分析法现在已被运筹学界公认为是简单而有效的多目标决策方法。

在大部分情况下，决策者可直接使用层次分析法进行决策，这大大提高了决策的有效性、可靠性和可行性。层次分析法的关键环节是建立判断矩阵，判断矩阵是否科学、合理，会直接影响层次分析法的效果。

1. 层次分析法原理及步骤

（1）确定递阶层次结构

递阶层次结构在某一个侧面反映了事物的属性，将一个复杂的系统按照递阶层次结构加以分解，对于深入理解系统的功能、理解各组成部分的相互关系和系统结构的发展演变规律是十分必要的。运用层次分析法的第一个基本步骤，是建立决策问题的递阶层次结构，这个过程的目标是将复杂问题的各组成部分分解为元素，弄清各元素之间的关系，把这些元素按照属性分成层次，构成该决策问题的递阶层次结构。

大系统处于不确定的环境，在决策时为了克服不确定性的影响，需要用较长时间积累资料和经验，但是决策的制定和执行却要求及时而迅速，否则控制就不能适应环境变化。为了解决这种矛盾，可采用多层控制结构。多层控制结构就是将复杂决策问题分解为子决策问题的序列，每个子决策问题都有一个解，就是该决策单元的输出，同时也是下一决策单元的输入，根据这个输入，再确定下一决策单元中的参数，从而确定下一决策单元的输出。如此一层一层进行下去，形成决策层的递阶。

（2）构造两两比较判断矩阵 A（或 B）

假定上一层元素 Q 为准则，所支配下一层次的元素为 u_1，u_2，$\cdots$，u_n，目的是要按它们对于准则 Q 的相对重要性赋予 u_1，u_2，$\cdots$，u_n 相应的权重。针对准则 Q，将元素两两比较，对其重要性程度赋值。重要性程度赋值有（1/9，9）FM（因子分解机）法或（-2，2）FM 法。选择前者的主要原因是它符合人们做判断时的心理习惯。由于层次分析法属于定性和定量相结合的评价方法，一般应用于非结构化或半结构化的复杂系统，因此（1/9，9）FM 法大体上属于序标度。后者比前者需要更少的信息，易被专家和决策者接受和适应。（-2，2）FM 法构造的判断矩阵 B 要转换成 A，再用 FM 法求解最大特征根 $\lambda_{\max}$ 和排序权重向量 W，对转化的矩阵 A，则由主特征根法、最小二乘法及最小偏差法给出相同的排序方案。（1/9，9）FM 和（-2，2）FM 标度如表 5-2 所示。

表 5-2 　　　　　（1/9，9）FM 和（-2，2）FM 标度

标度	（1/9，9）FM 标度 含义	标度	（-2，2）FM 标度 含义
1	表示两元素相比两者同样重要	2	表示两元素相比前者较后者强烈或极端重要
3	表示两元素相比前者比后者稍重要	1	表示两元素相比前者较后者稍微或明显重要
5	表示两元素相比前者较后者明显重要	0	表示两元素相比前者较后者同等重要
7	表示两元素相比前者较后者强烈重要	-1	表示两元素相比后者较前者稍微或明显重要
9	表示两元素相比前者较后者极端重要	-2	表示两元素相比后者较前者强烈或极端重要
2、4、6、8	表示上述相邻判断的中间值		
倒数	若元素 i 与元素 j 重要性之比为 a_{ij}，则元素 j 与元素 i 重要性之比为 $1/a_{ij}$		

（-2，2）FM 法转换矩阵 A 的计算，该法构造判断矩阵 $B = (b_{ij})_{n \times n}$，转换矩阵 $A = (a_{ij})_{n \times n}$，判断矩阵 B 各元素的重要性排序指数 $r_i = \sum\limits_{j=1}^{n} b_{ij}$，$i =$

$1, 2, \cdots, n$，转换矩阵 A 的各元素 a_{ij} 为：

$$a_{ij} = \begin{cases} r_i - r_j + 1 & r_i \geq r_j \\ (r_j - r_i + 1)^{-1} & r_i < r_j \end{cases}$$

2. 单一准则下元素相对权重计算

（1）完全判断矩阵单一准则下元素相对权重计算

完全判断矩阵单一准则下元素相对权重计算有幂法、根法、特征根法、和法和最小二乘法 5 种方法，一般采用特征根法。特征根法，即求出判断矩阵的最大特征根以及最大特征根的特征向量：

$$Aw = \lambda_{\max} w$$

其中，$\lambda_{\max}$ 是判断矩阵 A 的最大特征根，w 是相应的特征根向量，把特征向量归一化后即为权重向量。

（2）残缺判断矩阵单一准则下元素相对权重计算

当层次太多或因素复杂时，可能出现专家对某个因素判断缺少把握或不感兴趣的情况，这种情况允许出现，此时得到的矩阵的某些元素必定出现空缺，称该矩阵为残缺判断矩阵，残缺判断矩阵的单一准则下，元素相对权重计算称为不完全信息下的权重计算。

对于残缺判断矩阵可用"0"表示残缺元素。若 $(i, j) \cap (k, l) \neq \phi$，则称 a_{ij} 和 a_{kl} 是相邻的。对于残缺元素 a_{ij}，若存在相互邻接的非残缺元素 a_{ij_1}，$a_{j_1 j_2}$，$\cdots$，$a_{j_k j}$，则称 a_{ij} 是可以间接获得的。若残缺判断矩阵任一残缺元素都可以通过已给出的元素间接获得，则称该残缺判断矩阵 A 是可接受的，否则就称是不可接受的。一个残缺判断矩阵是可接受的，其必要条件是，除对角线元素外每行每列至少要有 1 个给定的元素，或者说至少要做 $(n-1)$ 个判断。

若残缺判断矩阵 $A = (a_{ij})_{n \times n}$ 满足：

① $a_{ij} \geq 0$，$\forall i, j$；

② 若 $a_{ij} > 0$，则 $a_{ji} = \dfrac{1}{a_{ij}}$；

③ 若 $a_{ij} = 0$，则 $a_{ji} = 0$。

则称该矩阵为非负拟互反矩阵。

若 $A_{ij} = (a_{ij})_{n \times n}$ 为非负拟互反的，则 A 为不可约的充要条件是存在一个

正整数 $s \leqslant n-1$，使得 $As > 0$。

一个残缺判断矩阵 A 是可接受的充要条件为 A 是不可约的。

不完全信息下的权重计算可借用完全信息下的权重计算方法，如特征根法、对数最小二乘法、最小偏差法等，这里只介绍特征根法。

由拟互反矩阵一致性条件可知，对于任何非零元素均有 $a_{ij} = \dfrac{w_i}{w_j}$，将这一结论扩展到"0"（残缺元素）上，即若 $a_{ij} = 0$，则用 $\dfrac{w_i}{w_j}$ 代替。设 $A = (a_{ij})_{n \times n}$ 是一个正互反矩阵，其权重向量为 $W = (w_1, w_2, \cdots, w_n)^T$，对 A 构造一个辅助矩阵 $C = (c_{ij})_{n \times n}$，其元素为：

$$c_{ij} = \begin{cases} a_{ij} & (a_{ij} \neq 0) \\ \dfrac{w_i}{w_j} & (a_{ij} = 0) \end{cases}$$

构造辅助矩阵 $\overline{A} = (\overline{a}_{ij})_{n \times n}$，其元素为：

$$\overline{a}_{ij} = \begin{cases} a_{ij} & (i \neq j) \\ m_i + 1 & (i = j) \end{cases}$$

其中，m_i 为第 i 行中"0"的个数，即残缺元素个数。

$CW = \lambda_{\max} W$ 与 $\overline{A} W = \lambda_{\max} W$ 等价。

实际使用时，上述几种计算权重的方法可同时使用，取其几何加权平均即可。

3. 判断矩阵一致性

判断矩阵是计算权重的根据，所以要求矩阵大体上具有一致性，避免出现"甲比乙极端重要，乙比丙极端重要，而丙又比甲极端重要"的违背常识的判断，这将导致评价失真，因此，要对判断的相容性和误差进行分析。

完全判断矩阵：

一致性指标 $C.I. = \dfrac{\lambda_{\max} - n}{n-1}$

一致性比例 $C.R. = \dfrac{C.I.}{R.I.}$

若 $C.R. < 0.1$，则判断矩阵的一致性是可以接受的。若 $C.R. \geqslant 0.1$，则

判断矩阵应作适当修改。对于一阶、二阶矩阵总是一致的，因为 $C.I.=0$。$R.I.$ 是平均随机一致性指标，其相应的值如表5-3所示。

表5-3 $R.I.$ 相应的值

阶数（n）	1	2	3	4	5	6	7	8
$R.I.$	0	0	0.52	0.89	1.12	1.26	1.36	1.41
阶数（n）	9	10	11	12	13	14	15	
$R.I.$	1.46	1.49	1.52	1.54	1.56	1.58	1.59	

残缺判断矩阵：

一致性指标 $C.I. = \dfrac{\lambda_{\max} - n}{n - 1 - \sum\limits_{i=1}^{n} \dfrac{m_i}{n}}$

其余同完全判断矩阵。

若判断矩阵一致性不可接受，则矩阵需要修改，修改方法与步骤如下。

（1）利用判断矩阵信息

一致性逼近方法与步骤如图5-1所示。

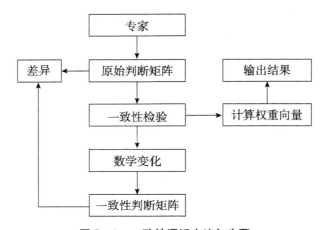

图5-1 一致性逼近方法与步骤

判断矩阵一致性逼近的数学变换：首先，对原始判断矩阵 $A = (a_{ij})_{n \times n}$ 按行求积，得 $b_i = \prod\limits_{k=1}^{n} a_{ik}$；其次，通过数学变换 $aa_{ij} = n\sqrt{\left(\dfrac{b_i}{b_j}\right)}$（$i, j = 1, 2, \cdots,$

n）形成一致性判断矩阵 $AA = (aa_{ij})_{n \times n}$。

这种方法充分利用了原始判断矩阵的间接信息，但修改了原始判断矩阵的所有元素。可将构造的一致性判断矩阵作为参照矩阵，为专家重新判断并调整提供方便。专家修改最简单的途径，是从一致性判断矩阵与原始判断矩阵两者之差形成的矩阵中绝对值最大的元素着手。

（2）利用原始判断矩阵及其权重向量

利用原始判断矩阵及其权重向量直接求一致性矩阵的步骤如下：

①设判断矩阵 $A = (a_{ij})_{n \times n}$，$k$ 为迭代次数；

②给定一个原始矩阵 $A^{(0)} = (a_{ij}^{(0)})_{n \times n}$，$\lambda \in (0, 1)$，$k = 0$；

③求 $A^{(k)}$ 的最大特征根 $\lambda_{\max}$ 及其相应的特征向量 $W = (w_1, w_2, \cdots, w_n)^T$（用幂法求解）；

④计算一致性指标 $C.I. = \dfrac{(\lambda_{\max} - n)}{n - 1}$，及一致性比例 $C.R. = \dfrac{C.I.}{R.I.}$；

⑤若 $C.R. < 0.10$，转⑦，否则：

$$(r, s) = \max_{i,j}\left[a_{ij}\left(\frac{w_j}{w_i}\right)\right]$$

⑥设 $A^{(k+1)} = (a_{ij}^{(k+1)})_{n \times n}$，其中：

$$a_{ij}^{(k+1)} = \begin{cases} (a_{rs}^{(k)})^\lambda \left(\dfrac{w_r^{(k)}}{w_s^{(k)}}\right)^{1-\lambda}, & (i, j) = (r, s) \\[2mm] (a_{sr}^{(k)})^\lambda \left(\dfrac{w_s^{(k)}}{w_r^{(k)}}\right)^{1-\lambda}, & (i, j) = (s, r) \\[2mm] a_{ij}^{(k)}, & (i, j) \neq (r, s), (s, r) \end{cases}$$

⑦设 $k = k + 1$，转②；

⑧输出 $A^{(K)}$，$\lambda_{\max}$，$C.R.$，W，则 $A^{(k)}$ 就是修改的矩阵，W 为特征向量，结束。

该法利用判断矩阵的一对元素与相应的特征向量进行加权几何平均，一次只修改判断矩阵的一对元素，因此能较多地保留原判断矩阵所包含的信息。

4. 计算指标权重对总目标层权重

假定已经算出第 $k - 1$ 层上 n_{k-1} 个元素相对于总目标的排序权重向量

$w^{(k-1)} = (w_1^{(k-1)}, w_2^{(k-1)}, \cdots, w_{n_{k-1}}^{(k-1)})^T$，第 k 层上 n_k 个元素对第 $k-1$ 层上第 j 个元素为准则的排序权重向量设为 $p_j^{(k)} = (p_{1j}^{(k)}, p_{2j}^{(k)}, \cdots, p_{n_kj}^{(k)})^T$，其中，不受 j 支配的元素的权重为零。令 $p^{(k)} = (p_1^{(k)}, p_2^{(k)}, \cdots, p_{n_{k-1}}^{(k)})$，这是 $n_k \times n_{k-1}$ 的矩阵，表示第 k 层上元素对第 $k-1$ 层上各元素权重的排序，那么，第 k 层上元素对总目标的合成排序向量 $w^{(k)} = (w_1^{(k)}, w_2^{(k)}, \cdots, w_{n_k}^{(k)})^T = p^{(k)}w^{(k-1)}$ 或 $w_1^{(k)} = \sum_{j=1}^{n_{k-1}} p_{ij}^{(k)} w_j^{(k-1)}$，$i = 1, 2, \cdots, n$，并且，一般地，$w^{(k)} = p^{(k)} p^{(k-1)} \cdots w^{(2)}$。

同样地，从上到下进行一致性检验。若已求得以第 $k-1$ 层上元素 j 为准则的一致性指标 $C.I._j^{(k)}$，平均随机一致性指标 $R.I._j^{(k)}$，一致性比例 $C.R._j^{(k)}$，$j = 1, 2, \cdots, n_{k-1}$，那么，第 k 层的综合指标 $C.I.^{(k)}$，$R.I.^{(k)}$，$C.R.^{(k)}$ 为：

$$C.I.^{(k)} = (C.I._1^{(k)}, C.I._2^{(k)}, \cdots, C.I._{n_{k-1}}^{(k)}) w^{(k-1)}$$

$$R.I.^{(k)} = (R.I._1^{(k)}, R.I._2^{(k)}, \cdots, R.I._{n_{k-1}}^{(k)}) w^{(k-1)}$$

$$C.R.^{(k)} = \frac{C.I.^{(k)}}{R.I.^{(k)}}$$

在实际应用时，整体一致性检验常常可以忽略，因为整体一致性难以考虑，调整也比较困难。

通过对对比矩阵问卷调查的数据进行处理，计算出民生幸福指标权重，如表 5-4 所示。

表 5-4　　　　　　　　　　民生幸福指标权重

研究目标	指标			单位	权重
	一级指标	序号	二级指标		
民生幸福	人居环境 0.237	1	人均公共体育绿地面积	m²	0.044
		2	城市污水处理率	%	0.023
		3	城市垃圾无害化处理率	%	0.020
		4	人均居住面积	m²	0.054
		5	人均城市道路面积	m²	0.030

续　表

研究目标	指标			单位	权重
	一级指标	序号	二级指标		
民生幸福	人居环境 0.237	6	工业烟尘去除量	t	0.021
		7	工业废水排放达标量	t	0.022
		8	工业二氧化硫去除量	t	0.023
	生活质量 0.226	9	城镇居民人均可支配收入	万元	0.097
		10	农村居民人均可支配收入	万元	0.080
		11	失业率	%	0.049
	教育发展 0.184	12	高校数	个	0.035
		13	高等学校在校学生	人	0.023
		14	义务教育普及率	%	0.016
		15	人均教育经费	元	0.038
		16	普通高等院校专任教师数	人	0.022
		17	普通中学数	个	0.028
		18	小学数	个	0.022
	卫生健康 0.195	19	每千人医生护士数	人	0.044
		20	每万人医院数	个	0.080
		21	每千人拥有病床数	个	0.071
	公共体育服务 0.157	22	当年政府体育民生实事项目数	个	0.012
		23	人均公共体育服务经费	元	0.009
		24	3A级以上体育社团个数	个	0.006
		25	人均公共体育场地面积	m^2	0.022
		26	城乡社区体育公园覆盖率	%	0.014
		27	每万人拥有健身步道千米数	km	0.014
		28	每万人拥有晨晚练健身站点数量	个	0.017
		29	每万人拥有社会体育指导员数量	人	0.007
		30	年开展体育健身讲座的次数	次	0.009
		31	年开展群众体育活动次数	次	0.014
		32	年承办体育赛事次数	次	0.019
		33	年体育产业总规模	亿元	0.014

三、样本数据采集和标准化

本书选取南京、苏州、无锡、常州、镇江、扬州、淮安、连云港、盐城 9 个市作为研究对象（前四个一级指标 2013—2016 年的数据通过查询统计年鉴获得，2017 年的数据应用指数平滑算法预测得到；第五个一级指标的各项数据由各地市体育局根据江苏省体育局发文上报获得）。

对原始数据进行正向化和极差标准化处理，得到 2013 年标准化数据，如表 5 - 5 所示。

表 5 - 5 　　　　　　　　2013 年标准化数据

指标	盐城	常州	连云港	南京	无锡	苏州	扬州	镇江	淮安
人均公共体育绿地面积	0.864	0.055	0.000	0.386	0.414	0.463	0.386	1.000	0.819
城市污水处理率	0.000	1.000	0.641	0.993	0.414	1.000	0.860	0.469	0.161
城市垃圾无害化处理率	0.025	1.000	0.445	0.711	1.000	0.301	1.000	0.694	0.000
人均居住面积	0.909	1.000	0.000	0.583	0.968	0.636	0.507	0.769	0.466
人均城市道路面积	0.000	0.742	0.492	0.540	0.138	1.000	0.433	0.498	0.516
工业烟尘去除量	0.270	0.000	0.399	0.610	1.000	0.138	0.331	0.453	0.366
工业废水排放达标量	0.315	0.000	0.000	0.454	0.077	1.000	0.034	0.173	0.150
工业二氧化硫去除量	0.286	0.000	0.144	0.329	0.080	0.206	0.308	1.000	0.249
城镇居民人均可支配收入	0.133	0.786	0.000	0.936	0.891	1.000	0.331	0.552	0.201
农村居民人均可支配收入	0.257	0.735	0.000	0.544	0.911	1.000	0.199	0.520	0.049
失业率	0.000	1.000	0.095	0.332	0.055	0.055	0.196	0.055	0.095
高校数	0.018	0.088	0.000	1.000	0.140	0.298	0.053	0.018	0.035
高等学校在校学生	0.018	0.094	0.000	1.000	0.078	0.174	0.037	0.054	0.029
义务教育普及率	1.000	1.000	1.000	1.000	1.000	1.000	1.000	1.000	1.000
人均教育经费	0.084	0.709	0.367	1.000	0.883	0.068	0.055	0.000	0.121
普通高等院校专任教师数	0.021	0.068	0.000	1.000	0.079	0.174	0.054	0.070	0.022
普通中学数	1.000	0.305	0.384	0.640	0.384	0.902	0.348	0.000	0.378
小学数	0.803	0.209	1.000	0.692	0.246	0.585	0.311	0.000	0.523
每千人医生护士数	0.786	0.118	0.000	1.000	0.576	0.744	0.881	0.109	0.644
每万人医院数	0.111	0.250	0.000	0.442	0.933	0.986	0.500	0.917	1.000

续　表

指标	盐城	常州	连云港	南京	无锡	苏州	扬州	镇江	淮安
每千人拥有病床数	0.005	0.052	0.009	0.067	0.145	1.000	0.000	0.012	0.441
当年政府体育民生实事项目数	0.889	1.000	0.333	0.111	0.333	0.000	0.111	0.111	0.000
人均公共体育服务经费	0.000	0.050	0.016	0.098	0.173	1.000	0.018	0.203	0.138
3A 级以上体育社团个数	0.800	0.720	0.120	0.240	0.720	0.400	0.000	0.245	1.000
人均公共体育场地面积	0.886	0.499	0.595	1.000	0.672	0.744	0.099	0.417	0.000
城乡社区体育公园覆盖率	0.488	0.645	0.000	0.839	0.801	0.648	1.000	0.244	0.682
每万人拥有健身步道千米数	0.000	0.837	0.364	0.976	0.975	1.000	0.759	0.663	0.115
每万人拥有晨晚练健身站点数量	0.150	0.776	0.756	0.337	0.000	0.092	1.000	0.354	0.529
每万人拥有社会体育指导员数量	0.425	0.052	0.835	0.157	0.132	0.157	0.382	1.000	0.000
年开展体育健身讲座的次数	0.176	0.015	0.219	0.020	0.336	1.000	0.059	0.095	0.000
年开展群众体育活动次数	0.399	0.012	0.050	0.006	0.279	0.279	0.081	0.000	1.000
年承办体育赛事次数	0.245	0.259	0.079	0.519	0.003	1.000	0.063	0.000	0.294
年体育产业总规模	0.107	0.243	0.002	0.388	0.035	1.000	0.030	0.035	0.000

　　对原始数据进行正向化和极差标准化处理，得到 2014 年标准化数据，如表 5 - 6 所示。

表 5 - 6　　　　　　　　　　2014 年标准化数据

指标	盐城	常州	连云港	南京	无锡	苏州	扬州	镇江	淮安
人均公共体育绿地面积	0.168	0.000	0.007	0.207	0.186	0.207	0.189	0.638	1.000
城市污水处理率	0.188	0.987	0.578	1.000	0.059	0.965	0.819	0.350	0.000
城市垃圾无害化处理率	0.233	1.000	0.876	0.800	1.000	0.504	1.000	0.818	0.000
人均居住面积	0.659	0.943	0.000	0.588	0.894	0.726	0.289	1.000	0.724
人均城市道路面积	0.571	0.760	0.553	0.620	0.235	1.000	0.322	0.558	0.367
工业烟尘去除量	0.253	0.000	0.294	0.467	1.000	0.122	0.313	0.617	0.367
工业废水排放达标量	0.297	0.000	0.000	0.368	0.071	1.000	0.057	0.155	0.136
工业二氧化硫去除量	0.052	0.000	0.163	0.197	0.075	0.212	0.297	1.000	0.210
城镇居民人均可支配收入	0.261	0.688	0.016	0.822	0.786	1.000	0.308	0.527	0.095
农村居民人均可支配收入	0.229	0.711	0.000	0.503	0.891	1.000	0.211	0.499	0.026
失业率	0.017	0.000	0.283	1.000	0.017	0.033	0.600	0.017	0.500
高校数	0.018	0.091	0.000	1.000	0.145	0.309	0.055	0.018	0.036
高等学校在校学生	0.019	0.093	0.000	1.000	0.080	0.180	0.040	0.049	0.018

69

指标	盐城	常州	连云港	南京	无锡	苏州	扬州	镇江	淮安
义务教育普及率	1.000	1.000	1.000	1.000	1.000	1.000	1.000	1.000	1.000
人均教育经费	0.181	0.646	0.501	1.000	0.506	0.282	0.242	0.164	0.000
普通高等院校专任教师数	0.024	0.075	0.000	1.000	0.091	0.208	0.067	0.075	0.027
普通中学数	0.982	0.280	0.372	0.677	0.415	1.000	0.354	0.000	0.390
小学数	0.610	0.220	1.000	0.691	0.214	0.804	0.280	0.000	0.506
每千人医生护士数	0.674	0.109	0.000	0.923	0.536	0.684	0.346	0.096	1.000
每万人医院数	0.105	0.263	0.000	0.412	0.915	0.945	0.447	0.842	1.000
每千人拥有病床数	0.011	0.027	0.005	0.063	0.141	1.000	0.000	0.006	0.433
当年政府体育民生实事项目数	0.900	1.000	0.300	0.100	0.300	0.200	0.200	0.200	0.000
人均公共体育服务经费	0.000	0.043	0.016	0.090	0.158	1.000	0.018	0.189	0.136
3A级以上体育社团个数	0.387	0.000	0.194	0.129	0.645	0.355	0.065	0.290	1.000
人均公共体育场地面积	0.903	0.546	0.618	1.000	0.679	0.830	0.097	0.436	0.000
城乡社区体育公园覆盖率	0.762	0.810	0.191	0.952	1.000	0.905	0.571	0.381	0.000
每万人拥有健身步道千米数	0.225	0.843	0.438	0.629	1.000	0.573	0.202	0.303	0.000
每万人拥有晨晚练健身站点数量	0.150	1.000	0.998	0.399	0.000	0.115	0.923	0.474	0.609
每万人拥有社会体育指导员数量	0.456	0.114	0.937	0.177	0.114	0.177	0.367	1.000	0.000
年开展体育健身讲座的次数	0.204	0.016	0.101	0.009	0.257	1.000	0.069	0.101	0.000
年开展群众体育活动次数	0.511	0.019	0.019	0.009	0.009	0.315	0.065	0.000	1.000
年承办体育赛事次数	0.255	0.088	0.059	0.500	0.029	1.000	0.039	0.000	0.128
年体育产业总规模	0.129	0.255	0.013	0.437	0.047	1.000	0.044	0.049	0.000

对原始数据进行正向化和极差标准化处理，得到 2015 年标准化数据，如表 5 - 7 所示。

表 5 - 7　　　　　　　2015 年标准化数据

指标	盐城	常州	连云港	南京	无锡	苏州	扬州	镇江	淮安
人均公共体育绿地面积	0.339	0.078	0.000	0.248	0.185	0.194	0.183	0.609	1.000
城市污水处理率	0.276	0.989	0.647	1.000	0.305	0.951	0.832	0.442	0.000
城市垃圾无害化处理率	0.000	1.000	1.000	1.000	1.000	0.433	0.964	1.000	0.670
人均居住面积	0.609	0.945	0.000	0.604	0.782	0.726	0.185	1.000	0.728
人均城市道路面积	0.526	0.625	0.415	0.527	0.000	1.000	0.090	0.417	0.459
工业烟尘去除量	0.475	0.000	0.369	0.475	1.000	0.143	0.347	0.769	0.434

续　表

指标	盐城	常州	连云港	南京	无锡	苏州	扬州	镇江	淮安
工业废水排放达标量	0.248	0.000	0.000	0.355	0.064	1.000	0.037	0.139	0.107
工业二氧化硫去除量	0.042	0.000	0.122	0.221	0.102	0.282	0.359	1.000	0.241
城镇居民人均可支配收入	0.269	0.689	0.000	0.826	0.787	1.000	0.186	0.525	0.097
农村居民人均可支配收入	0.257	0.723	0.034	0.539	0.892	1.000	0.215	0.519	0.000
失业率	0.000	0.961	0.057	0.044	0.039	0.048	0.122	0.039	1.000
高校数	0.000	0.093	0.000	1.000	0.130	0.296	0.037	0.000	0.037
高等学校在校学生	0.033	0.089	0.000	1.000	0.080	0.184	0.038	0.049	0.032
义务教育普及率	1.000	1.000	1.000	1.000	1.000	1.000	1.000	1.000	1.000
人均教育经费	0.143	0.364	0.343	1.000	0.496	0.144	0.039	0.072	0.027
普通高等院校专任教师数	0.019	0.076	0.000	1.000	0.088	0.206	0.059	0.072	0.019
普通中学数	0.959	0.285	0.366	0.651	0.395	1.000	0.331	0.000	0.395
小学数	0.638	0.263	1.000	0.710	0.251	0.820	0.284	0.000	0.506
每千人医生护士数	0.767	0.111	0.000	0.892	0.542	0.679	0.785	0.086	1.000
每万人医院数	0.119	0.238	0.000	0.408	0.874	0.862	0.405	0.786	1.000
每千人拥有病床数	0.013	0.026	0.007	0.064	0.144	1.000	0.000	0.002	0.426
当年政府体育民生实事项目数	1.000	0.917	0.333	0.167	0.167	0.000	0.250	0.083	0.000
人均公共体育服务经费	0.000	0.039	0.019	0.090	0.168	1.000	0.023	0.209	0.142
3A 级以上体育社团个数	0.686	0.657	0.314	0.114	0.543	0.200	0.000	0.343	1.000
人均公共体育场地面积	0.866	0.535	0.682	0.955	0.726	1.000	0.045	0.420	0.000
城乡社区体育公园覆盖率	0.682	0.455	0.000	0.546	1.000	0.636	0.955	0.136	0.818
每万人拥有健身步道千米数	0.250	0.663	0.261	0.728	1.000	0.630	0.261	0.228	1.000
每万人拥有晨晚练健身站点数量	0.000	0.747	0.787	0.234	0.021	0.089	1.000	0.404	0.328
每万人拥有社会体育指导员数量	0.371	0.326	0.832	0.270	0.000	0.056	0.270	1.000	0.328
年开展体育健身讲座的次数	0.234	0.018	0.117	0.002	0.393	1.000	0.091	0.099	0.000
年开展群众体育活动次数	0.753	0.018	0.021	0.009	0.018	0.353	0.088	0.000	1.000
年承办体育赛事次数	0.372	0.295	0.026	0.654	0.205	1.000	0.000	0.000	0.385
年体育产业总规模	0.144	0.254	0.007	0.493	0.050	1.000	0.045	0.050	0.000

对原始数据进行正向化和极差标准化处理，得到 2016 年标准化数据，如表 5 - 8 所示。

表 5 - 8　　　　　　　　　　　2016 年标准化数据

指标	盐城	常州	连云港	南京	无锡	苏州	扬州	镇江	淮安
人均公共体育绿地面积	0.704	0.106	0.000	0.191	0.147	0.128	0.148	0.555	1.000
城市污水处理率	0.337	1.013	0.677	1.000	0.544	0.967	0.833	0.390	0.000
城市垃圾无害化处理率	0.000	1.000	1.000	1.000	1.000	0.810	1.000	1.000	1.000
人均居住面积	1.015	0.919	0.000	0.658	0.901	0.826	0.347	1.000	0.765
人均城市道路面积	0.551	0.644	0.437	0.506	0.000	1.000	0.099	0.450	0.508
工业烟尘去除量	0.284	0.504	0.240	0.719	1.000	0.000	0.228	0.753	0.672
工业废水排放达标量	0.320	0.901	0.000	0.486	0.092	1.000	0.061	0.180	0.149
工业二氧化硫去除量	0.000	0.009	0.103	0.157	0.117	0.381	0.306	1.000	0.211
城镇居民人均可支配收入	0.231	0.687	0.000	0.836	0.783	1.000	0.189	0.526	0.093
农村居民人均可支配收入	0.239	0.716	0.000	0.526	0.892	1.000	0.196	0.508	0.030
失业率	0.000	0.484	0.355	0.581	0.484	0.613	1.000	0.484	0.548
高校数	0.019	0.093	0.000	1.000	0.130	0.315	0.056	0.019	0.037
高等学校在校学生	0.032	0.088	0.000	1.000	0.078	0.187	0.038	0.050	0.030
义务教育普及率	1.000	1.000	1.000	1.000	1.000	1.000	1.000	1.000	1.000
人均教育经费	0.108	0.264	0.246	1.000	0.490	0.290	0.102	0.000	0.083
普通高等院校专任教师数	0.030	0.080	0.000	1.000	0.086	0.205	0.057	0.076	0.031
普通中学数	0.918	0.275	0.352	0.643	0.401	1.000	0.308	0.000	0.429
小学数	0.641	0.265	1.000	0.691	0.253	0.824	0.276	0.000	0.415
每千人医生护士数	0.724	0.070	0.000	0.987	0.551	0.691	0.451	0.025	1.000
每万人医院数	0.073	0.244	0.000	0.403	0.878	0.839	0.341	0.805	1.000
每千人拥有病床数	0.014	0.027	0.021	0.066	0.146	1.000	0.000	0.002	0.425
当年政府体育民生实事项目数	0.765	1.000	0.177	0.000	0.294	0.000	0.235	0.059	0.000
人均公共体育服务经费	0.000	0.068	0.051	0.203	0.316	1.000	0.042	0.378	0.128
3A 级以上体育社团个数	0.357	0.524	0.214	0.000	0.381	0.071	0.000	0.238	1.000
人均公共体育场地面积	0.745	0.669	0.586	0.841	0.631	0.000	0.178	0.490	0.000
城乡社区体育公园覆盖率	0.856	0.451	0.000	0.541	1.000	0.946	0.901	0.135	0.811
每万人拥有健身步道千米数	0.374	0.606	0.253	0.697	0.949	1.000	0.364	0.323	0.000
每万人拥有晨晚练健身站点数量	0.047	0.726	0.791	0.186	0.000	0.228	1.000	0.419	0.221
每万人拥有社会体育指导员数量	0.333	0.333	0.933	0.333	0.333	0.333	0.200	1.000	0.069
年开展体育健身讲座的次数	0.299	0.013	0.462	0.048	0.409	1.000	0.110	0.101	0.000
年开展群众体育活动次数	0.789	0.024	0.108	0.019	0.027	0.338	0.087	0.000	1.000
年承办体育赛事次数	0.523	0.244	0.047	0.744	0.326	1.000	0.055	0.035	0.291
年体育产业总规模	0.169	0.262	0.014	0.571	0.062	1.000	0.055	0.053	0.000

对原始数据进行正向化和极差标准化处理，得到 2017 年标准化数据（预测），如表 5-9 所示。

表 5-9　　　　　　　2017 年标准化数据（预测）

指标	盐城	常州	连云港	南京	无锡	苏州	扬州	镇江	淮安
人均公共体育绿地面积	0.985	0.167	0.000	0.192	0.146	0.140	0.147	0.515	1.000
城市污水处理率	0.393	1.000	0.694	0.950	0.775	0.915	0.789	0.393	0.000
城市垃圾无害化处理率	0.000	0.549	0.514	0.597	0.549	0.662	0.545	0.607	1.000
人均居住面积	0.782	0.912	0.000	0.622	0.876	0.906	0.282	1.000	0.742
人均城市道路面积	0.588	0.584	0.455	0.501	0.000	1.000	0.103	0.478	0.097
工业烟尘去除量	0.241	0.076	0.208	0.442	0.893	0.000	0.203	0.750	1.000
工业废水排放达标量	0.243	0.272	0.000	0.437	0.081	1.000	0.052	0.142	0.122
工业二氧化硫去除量	0.000	0.046	0.121	0.172	0.159	0.540	0.352	1.000	0.251
城镇居民人均可支配收入	0.203	0.676	0.000	0.844	0.781	1.000	0.047	0.529	0.096
农村居民人均可支配收入	0.242	0.710	0.000	0.536	0.895	1.000	0.204	0.517	0.082
失业率	0.000	1.000	0.091	0.477	0.222	0.281	0.329	0.222	0.966
高校数	0.019	0.093	0.000	1.000	0.130	0.315	0.056	0.019	0.037
高等学校在校学生	0.027	0.087	0.000	1.000	0.078	0.185	0.038	0.050	0.032
义务教育普及率	1.000	1.000	1.000	1.000	1.000	1.000	1.000	1.000	1.000
人均教育经费	0.092	0.181	0.179	1.000	0.478	0.371	0.113	0.000	0.140
普通高等院校专任教师数	0.024	0.087	0.000	1.000	0.088	0.206	0.056	0.076	0.030
普通中学数	0.884	0.264	0.338	0.608	0.380	1.000	0.287	0.000	0.449
小学数	0.654	0.250	1.000	0.696	0.245	0.820	0.277	0.000	0.348
每千人医生护士数	0.586	0.057	0.025	1.000	0.538	0.663	0.385	0.000	0.934
每万人医院数	0.091	0.225	0.000	0.436	0.874	0.810	0.359	0.816	1.000
每千人拥有病床数	0.015	0.028	0.031	0.067	0.147	1.000	0.000	0.001	0.424
当年政府体育民生实事项目数	0.661	1.000	0.151	0.036	0.147	0.000	0.241	0.027	0.000
人均公共体育服务经费	0.000	0.046	0.046	0.175	0.238	1.000	0.034	0.284	0.125
3A 级以上体育社团个数	0.257	0.230	0.269	0.000	0.349	0.090	0.128	0.302	1.000
人均公共体育场地面积	0.610	0.736	0.504	0.698	0.543	1.000	0.305	0.535	0.000
城乡社区体育公园覆盖率	0.789	0.328	0.000	0.399	0.881	0.263	0.263	0.115	0.018
每万人拥有健身步道千米数	0.617	0.678	0.421	0.498	1.000	0.520	0.278	0.261	0.000

指标	盐城	常州	连云港	南京	无锡	苏州	扬州	镇江	淮安
每万人拥有晨晚练健身站点数量	0.070	0.874	1.000	0.148	0.000	0.539	0.926	0.569	0.087
每万人拥有社会体育指导员数量	0.313	0.442	1.000	0.476	0.000	0.476	0.157	0.953	0.228
年开展体育健身讲座的次数	0.361	0.009	0.221	0.000	0.333	1.000	0.138	0.103	0.001
年开展群众体育活动次数	0.857	0.030	0.045	0.029	0.039	0.341	0.068	0.000	1.000
年承办体育赛事次数	0.734	0.133	0.065	0.973	0.629	1.000	0.000	0.098	0.176
年体育产业总规模	0.195	0.273	0.027	0.659	0.083	1.000	0.073	0.063	0.000

权重和数据标准化以后，第 i 个城市的民生幸福指数计算公式为：

$$f(i) = \sum_{j=1}^{33} \Phi_{(e_{ij})} w_j, i = 1, 2, \cdots, 9$$

其中，w_j 表示第 j 个指标的权重，根据上面的公式计算得到：

$$w = \begin{pmatrix} 0.044 & 0.023 & 0.02 & 0.054 & 0.03 & 0.021 & 0.022 & 0.023 & 0.097 \\ 0.08 & 0.049 & 0.035 & 0.023 & 0.016 & 0.038 & 0.022 & 0.028 & 0.022 \\ 0.044 & 0.08 & 0.071 & 0.012 & 0.009 & 0.006 & 0.022 & 0.014 & 0.014 \\ 0.017 & 0.007 & 0.009 & 0.014 & 0.019 & 0.014 \end{pmatrix}$$

$\Phi_{(e_{ij})}$ 表示第 i 个城市 j 个指标的标准化数值。

江苏省民生幸福指数计算公式为：

$$f = \frac{1}{9} \sum_{i=1}^{9} f(i)$$

根据此模型代入数据即可算出给定年份的民生幸福指数。

第三节 民生幸福拉动弹性的界定

一、经济学弹性概念的界定

在经济学上，弹性概念是由阿尔弗雷德·马歇尔提出的。弹性指一个变量相对于另一个变量发生一定比例改变的属性。马歇尔用上升的供给曲线和下降的需求曲线分析收入、成本的变化对价格的影响。马歇尔最重要的贡献之一是建立了弹性的概念并推导了计算弹性的公式。

弹性可以应用于所有具有因果关系的变量之间，例如，变量 x 和变量 y 之间存在关系 $y = f(x)$，则 y 的 x 弹性：

$$E_{x,y} = \left| \frac{\Delta y / y}{\Delta x / x} \right| = \left| \frac{\partial \ln y}{\partial \ln x} \right| = \left| \frac{\partial y}{\partial x} \cdot \frac{x}{y} \right|$$

经济学中的弹性以需求弹性为基础，它与收入弹性和其他一系列弹性形成合集。需求弹性用于描述需求曲线的特性，即用于描述价格变动对需求量的影响——价格变动时需求量扩张的范围。在处理需求曲线时，运用弹性概念较重要的理由之一是，它提供了揭示总收益变动的适合的方法。弹性的运用很广泛，除了需求弹性，还有供给弹性、交叉弹性等。

二、公共体育服务对民生幸福拉动弹性的界定

体育产品和服务也具有弹性。消费者的体育需求与消费者本身的体育需求程度和货币支付能力等内因以及体育产品的供应、价格、宣传、营销、服务等外因相互影响，因此消费者的体育需求具有一定的弹性（李丰祥和王圣，2005）。公共体育服务更是如此。有学者发现体育与传媒等公共支出具有经济弹性，公共体育支出确实对相邻地区的经济增长产生了显著的外部影响，因而认为公共体育支出对经济具有产出弹性（林燕芳，2015）。从经济学视角考察公共体育服务，我们会发现，公共体育服务具有强关联性、高弹性和带动效应。体育产业是无烟、无污染产业，体育产业发展对经济的发展具有重要意义（杨玉珍和舒良友，2007）。

有学者基于弹性对我国体育投资进行研究，即研究我国体育投资对经济增长能产生多大作用。殷强（2007）运用生产函数法对体育投资与经济增长的关系进行了回归和协整分析，结果显示我国体育投资对经济增长存在显著的促进作用。但也有学者在对体育用品市场的研究中发现我国体育用品出口对经济增长的作用较小，体育用品出口每增加 1 个百分点，国内生产总值仅增长 0.21%。

也有学者基于弹性研究公共体育服务对经济的影响。公共体育服务比起竞技体育，更加贴近人们的生活，对经济的拉动作用更加明显。已有研究显示，我国体育产业增加值对国内经济生产总值的弹性系数是 0.945308，两者

间存在单向因果关系（薛亮，2017）。也有学者基于 1977—2010 年的时间序列数据，对中国体育事业财政投入与经济增长的长期均衡和短期动态关系进行实证分析。结果表明，体育事业财政投入和经济增长之间存在长期均衡关系，体育事业财政投入对经济增长的长期弹性为 0.8959。二者之间的短期非均衡状态逐渐向长期均衡状态趋近，体育事业财政投入对经济增长的短期弹性为 -0.1058，二者间存在单向因果关系。体育事业财政投入和经济增长之间的"互促共进"效应未必立竿见影，但从长期来看，两者能够实现融合发展。经济增长除受自身波动冲击的影响外，一定程度上还受体育事业财政投入的影响，同时体育事业财政投入受经济增长的冲击效应也较明显（陈颁，2012）。

公共体育服务作为城市经济体系的重要组成部分，已成为城市经济发展的强大助推器。本研究从理论上探讨公共体育服务对民生幸福的作用机制，从实践上证实公共体育服务对城市经济和民生幸福的促进作用。公共体育服务促进国家经济和民生幸福发展的作用机制可以从公共体育服务与经济的弹性系数上表现出来，因此弹性是一个较好的表现形式。

结合本研究对公共体育服务和民生幸福的定义，我们给出公共体育服务对民生幸福的拉动计算模型：

$$\varepsilon_{ij} = \frac{\dfrac{\Delta f(i)}{f(i)}}{\dfrac{\Delta \phi_{(e_{ij})}}{\phi_{(e_{ij})}}}$$

其中，ε_{ij} 表示第 j 个指标对第 i 个城市的民生幸福的弹性，$\Delta f(i)$ 表示第 i 个城市的民生幸福增加值，$\Delta \phi_{(e_{ij})}$ 表示第 i 个城市第 j 个指标的增加值。

公共体育服务发展水平对民生幸福的弹性定义为：

$$\varepsilon_{i} = \frac{\dfrac{\Delta f(i)}{f(i)}}{\dfrac{\Delta g(i)}{g(i)}}$$

其中，ε_{i} 表示第 i 个城市公共体育服务水平对第 i 个城市的民生幸福的弹性，$\Delta f(i)$ 表示第 i 个城市的民生幸福增加值，$\Delta g(i)$ 表示第 i 个城市公共体育服务水平的增加值。本书将在后文按照指数模型和弹性分析模型计算并分析江苏省公共体育服务对民生幸福的拉动情况。

第六章　公共体育服务体系建设实证分析

公共体育服务体系是着眼于解决人民日益增长的美好生活需要和公共体育不平衡不充分的发展之间的矛盾，以保障人民体育权益、提升群众健康水平为目的的。加强公共体育服务体系建设，是落实全民健身国家战略、国家体育强国建设纲要，推进新时代体育强省和"健康江苏"建设的重要举措。本章将以江苏省公共体育服务体系发展为例进行实证分析和述评。

第一节　江苏省公共体育服务体系的评价指标

根据民生幸福指标体系，本书共采用 12 个公共体育服务指标测算盐城、淮安等 9 个城市的公共体育服务指数，这些指标分别是：当年政府体育民生实事项目数、人均公共体育服务经费、3A 级以上体育社团个数、人均公共体育场地面积、城乡社区体育公园覆盖率、每万人拥有健身步道千米数、每万人拥有晨晚练健身站点数量、每万人拥有社会体育指导员数量、年开展体育健身讲座的次数、年开展群众体育活动次数、年承办体育赛事次数以及年体育产业总规模。

公共体育服务指标体系如表 6-1 所示（本表选自表 5-1）。

表 6 – 1 公共体育服务指标体系

	序号	指标	单位
公共体育服务	22	当年政府体育民生实事项目数	个
	23	人均公共体育服务经费	元
	24	3A 级以上体育社团个数	个
	25	人均公共体育场地面积	m²
	26	城乡社区体育公园覆盖率	%
	27	每万人拥有健身步道千米数	km
	28	每万人拥有晨晚练健身站点数量	个
	29	每万人拥有社会体育指导员数量	人
	30	年开展体育健身讲座的次数	次
	31	年开展群众体育活动次数	次
	32	年承办体育赛事次数	次
	33	年体育产业总规模	亿元

权重和数据标准化以后，第 i 个城市的公共体育服务发展指数 $g(i)$ 计算公式为：

$$g(i) = \sum_{j=1}^{12} s_{(e_{ij})} q_j, i = 1,2,\cdots,9$$

其中，q_j 表示第 j 个指标的权重，根据上面的公式计算得到：

$$q = \begin{pmatrix} 0.078 & 0.058 & 0.036 & 0.142 & 0.086 & 0.087 \\ 0.107 & 0.043 & 0.059 & 0.092 & 0.124 & 0.088 \end{pmatrix}$$

$s_{(e_{ij})}$ 表示第 i 个城市第 j 个公共体育服务指标的标准化数值。

江苏省公共体育服务发展指数计算公式为：

$$g = \frac{1}{9} \sum_{i=1}^{9} g(i)$$

根据此模型，将数据代入即可算出给定年份的公共体育服务发展指数。

第二节　苏北地区（盐城市等）公共体育服务发展现状分析

一、盐城市公共体育服务发展现状分析

如表 6-2 和图 6-1 所示，2013—2017 年盐城市公共体育服务 12 个指标的标准化数据可以看出：当年政府体育民生实事项目数、人均公共体育场地面积一直处于省内领先位置，标准化得分均超过 0.6；城乡社区体育公园覆盖率、年开展群众体育活动次数两个指标也逐渐显示出领先优势。上述几项领先型指标，充分表明盐城市政府对体育事业的重视，政府不断拓展新场地并综合利用废弃厂房建设体育场地，取得了较好的成果。人均公共体育服务经费和每万人拥有晨晚练健身站点数量这两个指标得分较低，表明盐城市在人均投入和人均拥有率方面不足。

表 6-2　　盐城市 2013—2017 年公共体育服务指标标准化数据

指标	2013 年	2014 年	2015 年	2016 年	2017 年
当年政府体育民生实事项目数	0.889	0.900	1.000	0.765	0.661
人均公共体育服务经费	0.000	0.000	0.000	0.000	0.000
3A 级以上体育社团个数	0.800	0.387	0.686	0.357	0.257
人均公共体育场地面积	0.886	0.903	0.866	0.745	0.610
城乡社区体育公园覆盖率	0.488	0.762	0.682	0.856	0.789
每万人拥有健身步道千米数	0.000	0.225	0.250	0.374	0.617
每万人拥有晨晚练健身站点数量	0.150	0.150	0.000	0.047	0.070
每万人拥有社会体育指导员数量	0.425	0.456	0.371	0.333	0.313
年开展体育健身讲座的次数	0.176	0.204	0.234	0.299	0.361
年开展群众体育活动次数	0.399	0.511	0.753	0.789	0.857
年承办体育赛事次数	0.245	0.255	0.372	0.523	0.734
年体育产业总规模	0.107	0.129	0.144	0.169	0.195

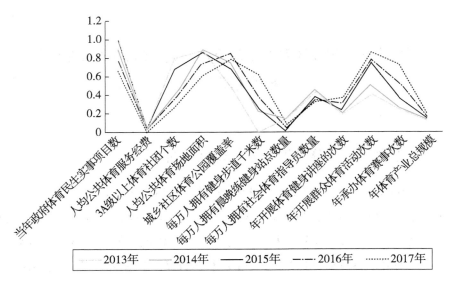

图 6 - 1　盐城市 2013—2017 年公共体育服务指标变化

盐城下辖的区县较多、人口基数大，体育经费预算需要和人口数量增长速度相匹配。

表 6 - 3 和图 6 - 2 表明，2013—2017 年盐城市公共体育服务指数呈现稳步上升趋势，年平均指数为 0.452。2013—2017 年增长 28.68%，年均增长率 7.17%，其中，2014 年增长幅度最大，增长率达到 12.40%。每万人拥有健身步道千米数、年开展体育健身讲座的次数、年开展群众体育活动次数、年承办体育赛事次数等指标在 2013—2017 年连续大幅增长，其中，年开展群众体育活动次数、年承办体育赛事次数两个指标的年平均增长率超过 20%。这些变化突出反映了盐城市在举办老百姓身边的赛事活动方面做出了积极努力。

表 6 - 3　　　　　盐城市 2013—2017 年公共体育服务指数

年份	2013	2014	2015	2016	2017
公共体育服务指数	0.387	0.435	0.464	0.474	0.498

二、淮安市公共体育服务发展现状分析

如表 6 - 4 和图 6 - 3 所示，从 2013—2017 年淮安市公共体育服务 12 个指标标准化数据中可以看出，淮安市 3A 级以上体育社团个数、年开展群众体育

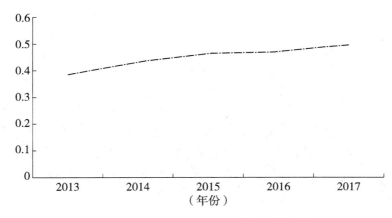

图6-2 盐城市2013—2017年公共体育服务指数变化

活动次数一直处于省内领先位置，标准化得分均是1。这两项领先指标表明淮安市在体育组织建设和活动开展方面取得了积极进展，体育社会组织建设力度不断增强，群众身边的健身活动日趋丰富。而当年政府体育民生实事项目数、人均公共体育场地面积、年体育产业总规模、每万人拥有社会体育指导员数量、年开展体育健身讲座的次数标准化得分较低，还需要继续推动政府体育民生实事项目数的增长，重视发展体育产业，注重体育文化、健身知识的推广、传播。

表6-4 淮安市2013—2017年公共体育服务指标标准化数据

指标	2013 年	2014 年	2015 年	2016 年	2017 年
当年政府体育民生实事项目数	0.000	0.000	0.000	0.000	0.000
人均公共体育服务经费	0.138	0.136	0.142	0.128	0.125
3A 级以上体育社团个数	1.000	1.000	1.000	1.000	1.000
人均公共体育场地面积	0.000	0.000	0.000	0.000	0.000
城乡社区体育公园覆盖率	0.682	0.818	0.811	0.018	
每万人拥有健身步道千米数	0.115	0.000	0.000	0.000	0.000
每万人拥有晨晚练健身站点数量	0.529	0.609	0.328	0.221	0.087
每万人拥有社会体育指导员数量	0.000	0.000	0.000	0.069	0.228
年开展体育健身讲座的次数	0.000	0.000	0.000	0.000	0.001
年开展群众体育活动次数	1.000	1.000	1.000	1.000	1.000
年承办体育赛事次数	0.294	0.128	0.385	0.291	0.176
年体育产业总规模	0.000	0.000	0.000	0.000	0.000

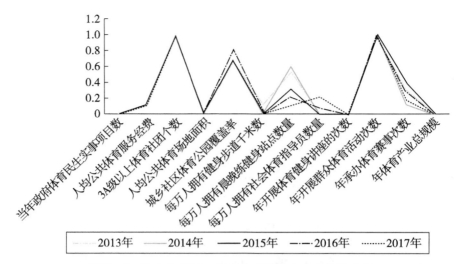

图 6 - 3　淮安市 2013—2017 年公共体育服务指标变化

如表 6 - 5 和图 6 - 4 所示，2013—2017 年淮安市公共体育服务指数呈现波动下降趋势，年平均指数为 0.250。其中，2014 年、2015 年、2016 年、2017 年的增长率分别是 - 27.18%、33.18%、- 7.27%、- 33.58%，2015 年增长幅度最大。其中，每万人拥有晨晚练健身站点数量、年承办体育赛事次数总体呈下降趋势，这表明淮安市还需要多措并举，加强体育设施建设力度，优化公共体育设施供给结构，举办具有区域影响力的品牌赛事。

表 6 - 5　　　　　　　淮安市 2013—2017 年公共体育服务指数

年份	2013	2014	2015	2016	2017
公共体育服务指数	0.298	0.217	0.289	0.268	0.178

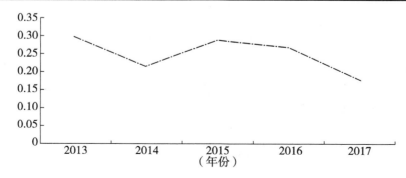

图 6 - 4　淮安市 2013—2017 年公共体育服务指数变化

三、连云港市公共体育服务发展现状分析

如表 6 - 6 和图 6 - 5 所示，2013—2017 年连云港市公共体育 12 个指标标准化数据中，每万人拥有晨晚练健身站点数量、万人拥有社会体育指导员数量一直处于省内领先位置，标准化得分均超过 0.7。人均公共体育场地面积、每万人拥有健身步道千米数两个指标的得分也相对较高。领先指标充分说明了连云港市政府对市民体育活动的重视程度和对公共体育设施的投入力度。每万人拥有健身步道千米数、年开展体育健身讲座的次数、3A 级以上体育社团个数一直处于波动状态。年开展群众体育活动次数、年承办体育赛事次数、年体育产业总规模等指标的得分较低，说明连云港市承办具有一定影响力和品牌知名度的体育赛事数量较少，低于省平均水平。此外，城乡社区体育公园覆盖率仅在 2014 年为 0.191，其余皆为 0，属于危险指标，表明连云港市还需要进一步重视城乡社区体育公园的建设，聚焦群众就近健身的需要，优先规划建设贴近社区、方便可达的健身设施。

表 6 - 6 连云港市 2013—2017 年公共体育服务指标标准化数据

指标	2013 年	2014 年	2015 年	2016 年	2017 年
当年政府体育民生实事项目数	0.333	0.300	0.333	0.177	0.151
人均公共体育服务经费	0.016	0.016	0.019	0.051	0.046
3A 级以上体育社团个数	0.120	0.194	0.314	0.214	0.269
人均公共体育场地面积	0.595	0.618	0.682	0.586	0.504
城乡社区体育公园覆盖率	0.000	0.191	0.000	0.000	0.000
每万人拥有健身步道千米数	0.364	0.438	0.261	0.253	0.421
每万人拥有晨晚练健身站点数量	0.756	0.998	0.787	0.791	1.000
每万人拥有社会体育指导员数量	0.835	0.937	0.832	0.933	1.000
年开展体育健身讲座的次数	0.219	0.101	0.117	0.462	0.221
年开展群众体育活动次数	0.050	0.019	0.021	0.108	0.045
年承办体育赛事次数	0.079	0.059	0.026	0.047	0.065
年体育产业总规模	0.002	0.013	0.007	0.014	0.027

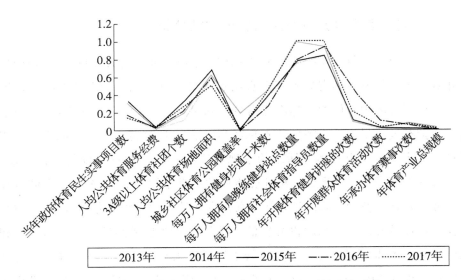

图 6-5　连云港市 2013—2017 年公共体育服务指标变化

如表 6-7 和图 6-6 所示，2013—2017 年连云港市公共体育服务指数呈现波动趋势，年平均指数为 0.306。仅人均公共体育服务经费呈现增长趋势，而其余指标的波动导致连云港市公共体育服务指数在五年内呈现波动趋势。2014 年、2016 年、2017 这三年的增长率分别是 15.41%、2.75%、3.68%。其中，2014 年增长幅度最大，主要是城乡社区体育公园覆盖率、每万人拥有晨晚练健身站点数量等指标出现了较大幅度的增长。2015 年该指数出现了下降，跌幅达到 13.65%，其中，城乡社区体育公园覆盖率、每万人拥有健身步道千米数、每万人拥有晨晚练健身站点数量、每万人拥有社会体育指导员数量、年承办体育赛事次数、年体育产业总规模等指标的下降，是导致连云港市 2014—2015 年公共体育服务指数大幅下降的主要原因。

表 6-7　　　　连云港市 2013—2017 年公共体育服务指数

年份	2013	2014	2015	2016	2017
公共体育服务指数	0.292	0.337	0.291	0.299	0.310

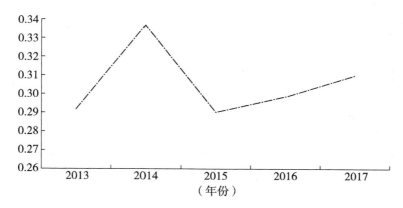

图 6 - 6　连云港市 2013—2017 年公共体育服务指数变化

四、苏北地区公共体育服务总体发展现状

如表 6 - 8 和图 6 - 7 所示，所选取的样本城市中，盐城、淮安、连云港属于苏北地区，此三市 2013—2017 年公共体育服务指数均值分别是 0.326、0.330、0.348、0.347、0.329；虽然三市的公共体育服务指数有波动，但五年来三市整体指数均值呈现平稳状态，大约为 0.336，处于较低水平。从三市的公共体育服务发展指数比较可以看出，盐城发展状况优于连云港，淮安处于三者之末。此三市公共体育服务指数总体处于较低水平，主要是因为人均公共体育服务经费、年体育产业总规模两个指标整体上处于较低水平，拉低了其公共体育服务指数。此三市的体育经费投入和体育产业整体实力，与经济社会发展水平密切相关。

表 6 - 8　　　苏北地区三市 2013—2017 年公共体育服务指数

	2013 年	2014 年	2015 年	2016 年	2017 年	均值
盐城	0.387	0.435	0.464	0.474	0.498	0.452
淮安	0.298	0.217	0.289	0.268	0.178	0.250
连云港	0.292	0.337	0.291	0.299	0.310	0.306
均值	0.326	0.330	0.348	0.347	0.329	0.336

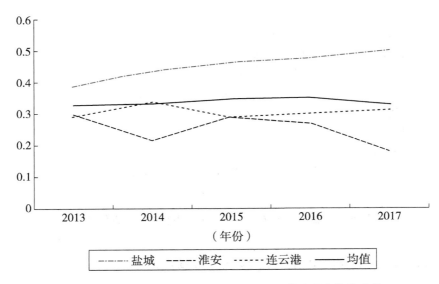

图 6 - 7　苏北地区三市 2013—2017 年公共体育服务指数变化

第三节　苏中地区（扬州市）公共体育服务发展现状分析

如表 6 - 9 和图 6 - 8 所示，2013—2017 年扬州市公共体育服务 12 个指标标准化数据中，每万人拥有晨晚练健身站点数量一直处于省内领先位置，标准化得分位于前列，超过 0.9。当年政府体育民生实事项目数、年开展体育健身讲座的次数等指标也逐渐显示出优势，充分说明了扬州市政府近年对体育事业的重视程度，也表明扬州市政府在公共体育场地设施建设、科学健身指导方面的投入力度。城乡社区体育公园覆盖率波动较大。人均公共体育服务经费、3A 级以上体育社团个数、年承办体育赛事次数、年开展群众体育活动次数、年体育产业总规模等则一直处于较低水平，属于危险指标，表明扬州市需要进一步重视开展和承办群众身边的体育赛事及活动。

表 6 – 9　　　　扬州市 2013—2017 年公共体育服务指标标准化数据

指标	2013 年	2014 年	2015 年	2016 年	2017 年
当年政府体育民生实事项目数	0.111	0.200	0.250	0.235	0.241
人均公共体育服务经费	0.018	0.018	0.023	0.042	0.034
3A 级以上体育社团个数	0.000	0.065	0.000	0.000	0.128
人均公共体育场地面积	0.099	0.097	0.045	0.178	0.305
城乡社区体育公园覆盖率	1.000	0.571	0.955	0.901	0.263
每万人拥有健身步道千米数	0.759	0.202	0.261	0.364	0.278
每万人拥有晨晚练健身站点数量	1.000	0.923	1.000	1.000	0.926
每万人拥有社会体育指导员数量	0.382	0.367	0.270	0.20	0.157
年开展体育健身讲座的次数	0.059	0.069	0.091	0.110	0.138
年开展群众体育活动次数	0.081	0.065	0.088	0.087	0.068
年承办体育赛事次数	0.063	0.039	0.000	0.000	0.000
年体育产业总规模	0.030	0.044	0.045	0.055	0.073

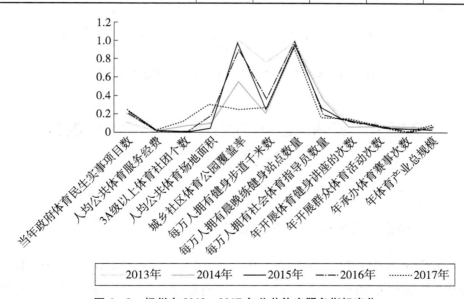

图 6 – 8　扬州市 2013—2017 年公共体育服务指标变化

　　如表 6 – 10 和图 6 – 9 所示，2013—2017 年扬州市公共体育服务指数呈现波动下降的趋势，年平均指数为 0.271。2014 年、2015 年、2016 年、2017 年四年的增长率分别是 – 27.41%、15.02%、8.21%、– 16.55%，其中，2015

年增长幅度最大，达到 15.02%。每万人拥有晨晚练健身站点数量、每万人拥有健身步道千米数、城乡社区体育公园覆盖率等指标五年来呈现波动发展态势，表明扬州市重视公共体育设施建设，推动组织化体育人口的增长，但是在体育赛事活动开展方面仍显不足。

表 6 - 10   **扬州市 2013—2017 年公共体育服务指数**

年份	2013	2014	2015	2016	2017
公共体育服务指数	0.321	0.233	0.268	0.290	0.242

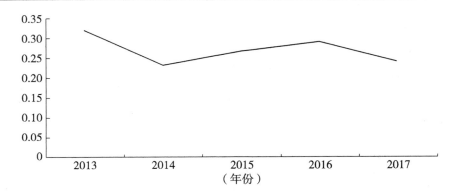

图 6 - 9   扬州市 2013—2017 年公共体育服务指数变化

第四节　苏南地区（南京市等）公共体育服务发展现状分析

一、南京市公共体育服务发展现状分析

如表 6 - 11 和图 6 - 10 所示，2013—2017 年南京市公共体育 12 个指标标准化后，人均公共体育场地面积、每万人拥有健身步道千米数一直处于领先位置，标准化得分均位于前列。每万人拥有社会体育指导员数量、年承办体育赛事次数两个指标也逐渐显示出优势。这四个指标表明南京市政府重视公共体育服务体系建设，充分利用"金角银边"，打造生态立体的公共体育设施网络，并持续举办具有影响力的大型赛事。南京市年开展体育健身讲座的次

数、年开展群众体育活动次数则一直处于较低的水平，也表明在科学健身指导方面还需要进一步调动社会力量，重视开展群众身边的健身活动。3A 级以上体育社团个数则处于下降的趋势。

表 6 – 11　　　南京市 2013—2017 年公共体育服务指标标准化数据

指标	2013 年	2014 年	2015 年	2016 年	2017 年
当年政府体育民生实事项目数	0.111	0.100	0.167	0.000	0.036
人均公共体育服务经费	0.098	0.090	0.090	0.203	0.175
3A 级以上体育社团个数	0.240	0.129	0.114	0.000	0.000
人均公共体育场地面积	1.000	1.000	0.955	0.841	0.698
城乡社区体育公园覆盖率	0.839	0.952	0.546	0.541	0.399
每万人拥有健身步道千米数	0.976	0.629	0.728	0.697	0.498
每万人拥有晨晚练健身站点数量	0.337	0.399	0.234	0.186	0.148
每万人拥有社会体育指导员数量	0.157	0.177	0.270	0.333	0.476
年开展体育健身讲座的次数	0.020	0.009	0.002	0.048	0.000
年开展群众体育活动次数	0.006	0.009	0.009	0.019	0.029
年承办体育赛事次数	0.519	0.500	0.654	0.744	0.973
年体育产业总规模	0.388	0.437	0.493	0.571	0.659

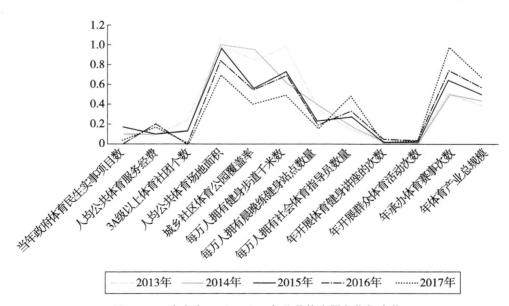

图 6 – 10　南京市 2013—2017 年公共体育服务指标变化

如表 6 - 12 和图 6 - 11 所示，2013—2017 年南京市公共体育服务指数呈现下降的趋势，年平均指数为 0.434。2014 年、2015 年、2016 年、2017 年四年的增长率分别是 - 3.44%、- 4.23%、- 2.33%、- 3.10%，其中，2015年下降幅度最大，达到 4.23%。城乡社区体育公园覆盖率、每万人拥有晨晚练健身站点数量、年开展体育健身讲座的次数等指标总体呈下降趋势，其中，每万人拥有晨晚练健身站点数量、年开展体育健身讲座的次数两个指标的年平均下降率较高，这突出反映了南京市在开展群众性体育活动、丰富公共体育活动供给、加强科学健身指导方面有待进一步努力。

表 6 - 12　　　　　　南京市 2013—2017 年公共体育服务指数

年份	2013	2014	2015	2016	2017
公共体育服务指数	0.465	0.449	0.430	0.420	0.407

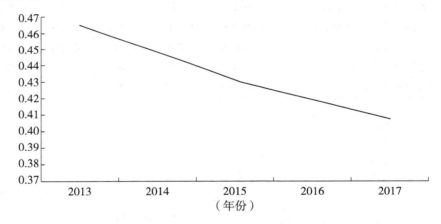

图 6 - 11　南京市 2013—2017 年公共体育服务指数变化

二、苏州市公共体育服务发展现状分析

如表 6 - 13 和图 6 - 12 所示，2013—2017 年苏州市公共体育 12 个指标标准化数据中，人均公共体育服务经费、年开展体育健身讲座的次数、年承办体育赛事次数、年体育产业总规模一直处于领先位置，标准化得分均为 1，表明苏州市政府一直高度重视公共体育服务体系建设，重视公共体育设施建设和各级各类体育赛事活动的开展。当然，苏州市也有少数薄弱指标，如当年

政府体育民生实事项目数标准化得分均为 0，一直居于末位，是危险指标，表明苏州市要巩固加强公共体育服务的联合供给机制，推动公共体育服务民生实事项目的实施。3A 级以上体育社团个数则呈现下降趋势，2017 年标准化得分仅为 0.090，说明苏州市体育社会组织建设力度还需要进一步加强。

表 6 – 13　　苏州市 2013—2017 年公共体育服务指标标准化数据

指标	2013 年	2014 年	2015 年	2016 年	2017 年
当年政府体育民生实事项目数	0.000	0.000	0.000	0.000	0.000
人均公共体育服务经费	1.000	1.000	1.000	1.000	1.000
3A 级以上体育社团个数	0.400	0.355	0.200	0.071	0.090
人均公共体育场地面积	0.744	0.830	1.000	1.000	1.000
城乡社区体育公园覆盖率	0.648	0.905	0.636	0.946	1.000
每万人拥有健身步道千米数	1.000	0.573	0.630	1.000	0.520
每万人拥有晨晚练健身站点数量	0.092	0.115	0.089	0.228	0.539
每万人拥有社会体育指导员数量	0.157	0.177	0.270	0.333	0.476
年开展体育健身讲座的次数	1.000	1.000	1.000	1.000	1.000
年开展群众体育活动次数	0.279	0.315	0.353	0.338	0.341
年承办体育赛事次数	1.000	1.000	1.000	1.000	1.000
年体育产业总规模	1.000	1.000	1.000	1.000	1.000

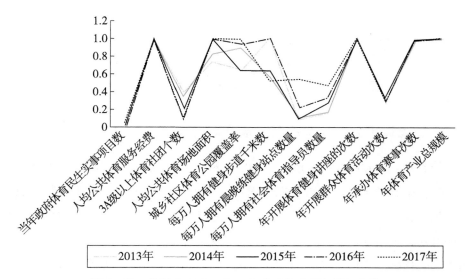

图 6 – 12　苏州市 2013—2017 年公共体育服务指标变化

如表 6-14 和图 6-13 所示，2013—2017 年苏州市公共体育服务指数呈现稳步上升的趋势，年平均指数为 0.668。2014 年、2015 年、2016 年、2017 年四年的增长率分别是 0.32%、0.79%、11.08%、0.42%，其中，2016 年增长幅度最大。每万人拥有晨晚练健身站点数量、每万人拥有社会体育指导员数量两个指标五年来处于明显增长趋势。这说明苏州市在公共体育设施建设、活动开展、健身指导、组织发展、文化宣传等方面，整体处于领先位置，公共体育服务体系建设成效比较突出。

表 6-14　　　　　　　**苏州市 2013—2017 年公共体育服务指数**

年份	2013	2014	2015	2016	2017
公共体育服务指数	0.634	0.636	0.641	0.712	0.715

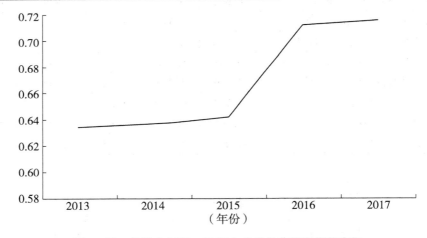

图 6-13　苏州市 2013—2017 年公共体育服务指数变化

三、无锡市公共体育服务发展现状分析

如表 6-15 和图 6-14 所示，2013—2017 年无锡市公共体育 12 个指标标准化数据中，城乡社区体育公园覆盖率、每万人拥有健身步道千米数一直处于领先位置，标准化得分均大于 0.8。而每万人拥有晨晚练健身站点数量、年开展群众体育活动次数、年体育产业总规模标准化得分较低，一直位于末位，属于危险指标。人均公共体育服务经费、年承办体育赛事次数则呈现出上升的趋势。

表 6 - 15　　　　无锡市 2013—2017 年公共体育服务指标标准化数据

指标	2013 年	2014 年	2015 年	2016 年	2017 年
当年政府体育民生实事项目数	0.333	0.300	0.167	0.294	0.147
人均公共体育服务经费	0.173	0.158	0.168	0.316	0.238
3A 级以上体育社团个数	0.720	0.645	0.543	0.381	0.349
人均公共体育场地面积	0.672	0.679	0.726	0.631	0.543
城乡社区体育公园覆盖率	0.801	1.000	1.000	1.000	0.881
每万人拥有健身步道千米数	0.975	1.000	1.000	0.949	1.000
每万人拥有晨晚练健身站点数量	0.000	0.000	0.021	0.000	0.000
每万人拥有社会体育指导员数量	0.132	0.114	0.056	0.000	0.000
年开展体育健身讲座的次数	0.336	0.257	0.393	0.409	0.333
年开展群众体育活动次数	0.000	0.009	0.018	0.027	0.039
年承办体育赛事次数	0.003	0.029	0.205	0.326	0.629
年体育产业总规模	0.035	0.047	0.050	0.062	0.083

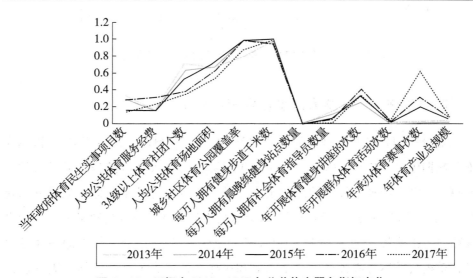

图 6 - 14　无锡市 2013—2017 年公共体育服务指标变化

如表 6 - 16 和图 6 - 15 所示，2013—2017 年，无锡市公共体育服务指数呈现稳健上升的趋势，年平均指数为 0.369。2014 年、2015 年、2016 年、2017 年四年的增长率分别是 4.12%、6.78%、2.12%、0.26%，其中，2014

年增长幅度最大。这说明无锡市的公共体育设施建设力度较大，尤其注重群众身边的体育设施建设，在健身步道、体育公园建设上取得了积极成效。

表 6 – 16 无锡市 2013—2017 年公共体育服务指数

年份	2013	2014	2015	2016	2017
公共体育服务指数	0.340	0.354	0.378	0.386	0.387

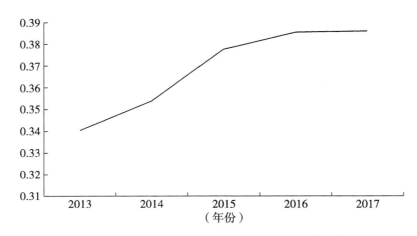

图 6 – 15 无锡市 2013—2017 年公共体育服务指数变化

四、常州市公共体育服务发展现状分析

如表 6 – 17 和图 6 – 16 所示，2013—2017 年常州市公共体育 12 个指标标准化数据中，当年政府体育民生实事项目数、每万人拥有健身步道千米数以及每万人拥有晨晚练健身站点数量一直处于省内领先位置，标准化得分均超过 0.6；人均公共体育场地面积、每万人拥有社会体育指导员数量两个指标也逐渐显示出优势。这几个指标表明常州市政府重视加强公共体育服务体系建设，重视公共体育服务对民生幸福的积极作用，着力推动公共体育服务进入政府为民办实事项目，不断拓展新场地并综合利用废弃厂房进行体育场地建设，科学健身指导队伍不断壮大，组织化体育人口规模稳步增长。值得注意的是，常州市人均公共体育服务经费和年开展群众体育活动次数在省内并未取得相应的领先优势。

表 6 – 17   常州市 2013—2017 年公共体育服务指标标准化数据

指标	2013 年	2014 年	2015 年	2016 年	2017 年
当年政府体育民生实事项目数	1.000	1.000	0.917	1.000	1.000
人均公共体育服务经费	0.050	0.043	0.039	0.068	0.046
3A 级以上体育社团个数	0.720	0.000	0.657	0.524	0.230
人均公共体育场地面积	0.499	0.546	0.535	0.669	0.736
城乡社区体育公园覆盖率	0.645	0.810	0.455	0.451	0.328
每万人拥有健身步道千米数	0.837	0.843	0.663	0.606	0.678
每万人拥有晨晚练健身站点数量	0.776	1.000	0.747	0.726	0.874
每万人拥有社会体育指导员数量	0.052	0.114	0.326	0.333	0.442
年开展体育健身讲座的次数	0.015	0.016	0.018	0.013	0.009
年开展群众体育活动次数	0.012	0.019	0.018	0.024	0.030
年承办体育赛事次数	0.259	0.088	0.295	0.244	0.133
年体育产业总规模	0.243	0.255	0.254	0.262	0.273

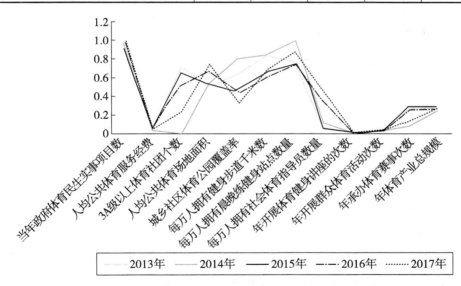

图 6 – 16   常州市 2013—2017 年公共体育服务指标变化

如表 6 – 18 和图 6 – 17 所示，2013—2017 年常州市公共体育服务指数呈现先下降后上升的趋势，年平均指数为 0.439。2014 年、2015 年、2016 年、2017 年四年的增长率分别是 0.45%、− 5.12%、2.35%、0.23%，其中，

2014 年增长幅度最大。人均公共体育场地面积、年开展群众体育活动次数等指标总体呈增长趋势，其中，人均公共体育场地面积的年平均增长率超过 10% 。这突出反映了常州市在公共体育服务体系建设中取得的积极进展和可喜成绩。

表 6 - 18　　　　　　常州市 2013—2017 年公共体育服务指数

年份	2013	2014	2015	2016	2017
公共体育服务指数	0. 447	0. 449	0. 426	0. 436	0. 437

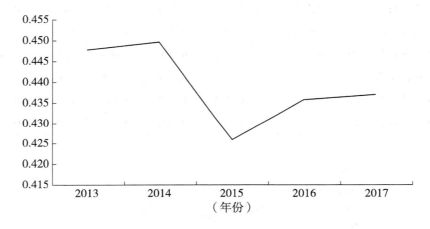

图 6 - 17　常州市 2013—2017 年公共体育服务指数变化

五、镇江市公共体育服务发展现状分析

如表 6 - 19 和图 6 - 18 所示，2013—2017 年镇江市公共体育服务 12 个指标标准化数据中，每万人拥有社会体育指导员数量一直处于省内领先位置，标准化得分为 1 或接近 1。这表明镇江市比较重视科学健身指导。其年开展群众体育活动次数、年承办体育赛事次数标准化得分在 0 左右，是危险指标。这表明镇江市在开展群众身边的体育赛事活动、丰富公共体育活动供给方面还需要进一步努力。每万人拥有健身步道千米数呈现下降的趋势，2017 年标准化得分仅为 0. 261，低于全省平均水平，说明公共体育设施建设力度还需要进一步加强。

表6-19　　镇江市2013—2017年公共体育服务指标标准化数据

指标	2013年	2014年	2015年	2016年	2017年
当年政府体育民生实事项目数	0.111	0.000	0.083	0.059	0.027
人均公共体育服务经费	0.203	0.189	0.209	0.378	0.284
3A级以上体育社团个数	0.245	0.290	0.343	0.238	0.302
人均公共体育场地面积	0.417	0.436	0.420	0.490	0.535
城乡社区体育公园覆盖率	0.244	0.381	0.136	0.135	0.115
每万人拥有健身步道千米数	0.663	0.303	0.228	0.323	0.261
每万人拥有晨晚练健身站点数量	0.354	0.474	0.404	0.419	0.569
每万人拥有社会体育指导员数量	1.000	1.000	1.000	1.000	0.953
年开展体育健身讲座的次数	0.095	0.101	0.099	0.101	0.103
年开展群众体育活动次数	0.000	0.000	0.000	0.000	0.000
年承办体育赛事次数	0.000	0.000	0.000	0.035	0.098
年体育产业总规模	0.035	0.049	0.050	0.053	0.063

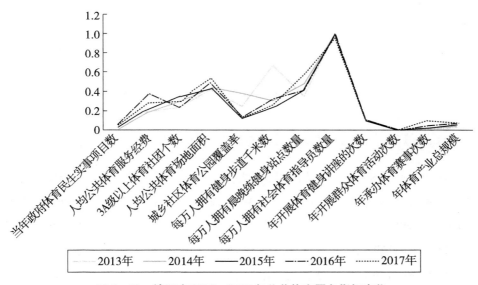

图6-18　镇江市2013—2017年公共体育服务指标变化

如表6-20和图6-19所示，2013—2017年镇江市公共体育服务指数呈现先下降后上升的趋势，年平均指数为0.247。2014年、2015年、2016年、2017年四年的增长率分别是-4.28%、-10.98%、12.79%、6.88%，其中，2016年增长幅度最大。城乡社区体育公园覆盖率和万人拥有健身步道公里数在 2014 年及 2015 年发生较大变化，致使公共体育服务指数在 2015 年出现大幅下滑，但在 2016 年又出现较大增幅。从总体来看，镇江市公共体育服务指数变化不明显，整体水平不高。

表 6 - 20　　　　　　镇江市 2013—2017 年公共体育服务指数

年份	2013	2014	2015	2016	2017
公共体育服务指数	0.257	0.246	0.219	0.247	0.264

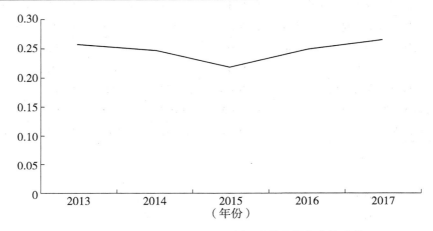

图 6 - 19　镇江市 2013—2017 年公共体育服务指数变化

六、苏南地区公共体育服务总体发展现状

如表 6 - 21 和图 6 - 20 所示，本研究在苏南地区选取南京、苏州、无锡、常州、镇江 5 个城市，2013—2017 年各地公共体育服务指数均值分别为 0.434、0.668、0.369、0.439、0.247。其中，苏州的公共体育服务指数分值明显领先，而镇江排在最末；无锡的排名处于倒数第二位；南京和常州的公共体育服务指数比较接近。苏南五市五年来公共体育服务指数均值约为 0.431。

苏南体育指数总体处于较高水平，主要是因为人均公共体育场地面积、城乡社区体育公园覆盖率、每万人拥有健身步道千米数等指标整体上处于较高水平，因而苏南地区的公共体育服务指数偏高。但是，苏南地区的几个城市，年开展群众体育活动次数指标在江苏省内并未居于领先位置。

表 6 – 21　　　　　　　苏南地区 2013—2017 年公共体育服务指数

地区	2013 年	2014 年	2015 年	2016 年	2017 年	均值
南京	0.465	0.449	0.430	0.420	0.407	0.434
苏州	0.634	0.636	0.641	0.712	0.715	0.668
无锡	0.340	0.354	0.378	0.386	0.387	0.369
常州	0.447	0.449	0.426	0.436	0.437	0.439
镇江	0.257	0.246	0.219	0.247	0.264	0.247
均值	0.429	0.427	0.419	0.440	0.442	0.431

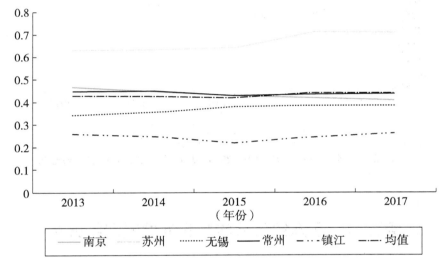

图 6 – 20　苏南地区 2013—2017 年公共体育服务指数变化

七、苏北、苏中、苏南地区公共体育服务指数比较

如表 6 – 22 和图 6 – 21 所示，2013—2017 年苏北、苏中、苏南地区公共体育服务指数比较中，苏南地区位居领先地位，均值为 0.431，五年发展状态平稳。苏南地区的公共体育服务发展水平较高；苏北地区公共体育服务指数属于中等水平，均值为 0.336；而苏中地区的公共体育服务指数相对较低，这与本研究所选取的苏中地区样本城市数量有关。江苏省公共体育服务发展水平整体呈现出地域不平衡的特征。

表 6 – 22　苏北、苏中、苏南地区 2013—2017 年公共体育服务指数

地区	2013 年	2014 年	2015 年	2016 年	2017 年	均值
苏北	0.326	0.330	0.348	0.347	0.329	0.336
苏中	0.321	0.233	0.268	0.290	0.242	0.271
苏南	0.429	0.427	0.419	0.440	0.442	0.431

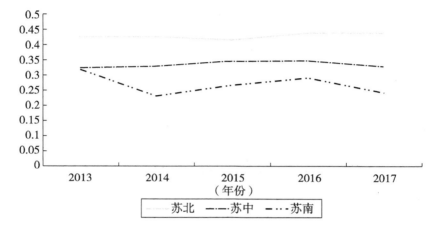

图 6 – 21　苏北、苏中、苏南地区 2013—2017 年公共体育服务指数变化

第五节　江苏省公共体育服务发展现状分析

一、江苏省的公共体育服务平均指数分析

如表 6 – 23 和图 6 – 22 所示，2013—2017 年江苏省公共体育服务平均指数值差距不大，但存在波动情况。2016 年江苏省公共体育服务平均指数最高，为 0.359，2014 年最低，为 0.330。2014 年、2015 年、2016 年、2017 年江苏省公共体育服务平均指数增长率分别为 – 7.82%、4.55%、4.06%、– 5.85%。这表明江苏省公共体育服务体系建设尽管取得了积极进展，但在优化公共体育服务设施结构、举办各级各类体育赛事活动、体育社会组织发展、科学健身指导方面仍存在较大发展空间。

表 6 - 23　　　　　江苏省 **2013—2017** 年公共体育服务平均指数

年份	2013	2014	2015	2016	2017
公共体育服务平均指数	0.358	0.330	0.345	0.359	0.338

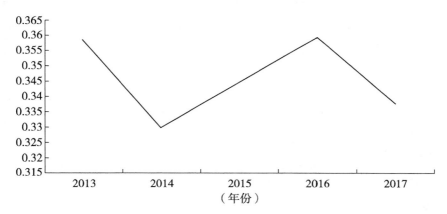

图 6 - 22　江苏省 **2013—2017** 年公共体育服务平均指数变化

二、九个代表城市公共体育服务指数的差异化比较

如表 6 - 24 和图 6 - 23 所示，综合比较本研究中九个代表城市公共体育服务指数，苏州的指数最高，均值达到 0.668，2017 年较 2013 年增长 12.78%。排名第二的是盐城，公共体育服务指数均值为 0.452，盐城的公共体育服务指数在 2013 年时仅为 0.387，但 2017 年该值达到 0.498，较 2013 年增长 28.68%，增长率在九个代表城市中名列前茅，且五年来一直处于增长状态。镇江公共体育服务指数排在最末位，均值为 0.247。九个代表城市中，公共体育服务指数呈现下降趋势的是南京、扬州、淮安，其中，南京 2014 年、2015 年、2016 年、2017 年的增长率分别为 - 3.44%、- 4.23%、- 2.33%、- 3.10%；扬州 2014 年、2015 年、2016 年、2017 年的增长率分别为 - 27.41%、15.02%、8.21%、- 16.55%；淮安 2014 年、2015 年、2016 年、2017 年的增长率分别为 - 27.18%、33.18%、- 7.27%、- 33.58%。面对新的发展周期，三市在公共体育服务体系建设中需要补短板、强弱项、固优势。

表 6 – 24　　　　　九个代表城市 2013—2017 年公共体育服务指数

排名	城市	2013 年	2014 年	2015 年	2016 年	2017 年	均值
1	苏州	0.634	0.636	0.641	0.712	0.715	0.668
2	盐城	0.387	0.435	0.464	0.474	0.498	0.452
3	常州	0.447	0.449	0.426	0.436	0.437	0.439
4	南京	0.465	0.449	0.430	0.420	0.407	0.434
5	无锡	0.340	0.354	0.378	0.386	0.387	0.369
6	连云港	0.292	0.337	0.291	0.299	0.310	0.306
7	扬州	0.321	0.233	0.268	0.290	0.242	0.271
8	淮安	0.298	0.217	0.289	0.268	0.178	0.250
9	镇江	0.257	0.246	0.219	0.247	0.264	0.247

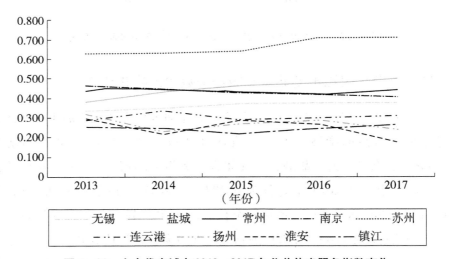

图 6 – 23　九个代表城市 2013—2017 年公共体育服务指数变化

第七章 城市群公共体育服务指数
对民生幸福指数拉动弹性分析

江苏省经济总量较大，但是区域经济发展不均衡，苏南、苏中和苏北经济差异较大，公共体育服务也呈现出不均衡的发展态势。本章将运用弹性分析法，依据江苏统计年鉴的数据，选择三大区域中的代表城市，对其公共体育服务指数对民生幸福指数的拉动弹性进行计算，从理论和实践两个层面分析公共体育服务指数对民生幸福指数的拉动作用。

第一节　南京和苏州民生幸福指数拉动弹性分析

一、南京民生幸福指数拉动弹性分析

从南京市民生幸福指数来看，南京 2013—2017 年一直在江苏省排名第二，仅次于苏州。表 7 – 1 为 2013—2017 年南京市民生幸福指标标准化数值。

表 7 – 1　　　　2013—2017 年南京市民生幸福指标标准化数值

指标	2013 年	2014 年	2015 年	2016 年	2017 年
人均公共体育绿地面积	0.386	0.207	0.248	0.191	0.192
城市污水处理率	0.993	1.000	1.000	1.000	0.950
城市垃圾无害化处理率	0.711	0.800	1.000	1.000	0.597
人均居住面积	0.583	0.588	0.604	0.658	0.622
人均城市道路面积	0.540	0.620	0.527	0.506	0.501

指标	2013 年	2014 年	2015 年	2016 年	2017 年
工业烟尘去除量	0.610	0.467	0.475	0.719	0.442
工业废水排放达标量	0.454	0.368	0.355	0.486	0.437
工业二氧化硫去除量	0.329	0.197	0.221	0.157	0.172
城镇居民人均可支配收入	0.936	0.822	0.826	0.836	0.844
农村居民人均可支配收入	0.544	0.503	0.539	0.526	0.536
失业率	0.332	1.000	0.044	0.581	0.477
高校数	1.000	1.000	1.000	1.000	1.000
高等学校在校学生	1.000	1.000	1.000	1.000	1.000
义务教育普及率	1.000	1.000	1.000	1.000	1.000
人均教育经费	1.000	1.000	1.000	1.000	1.000
普通高等院校专任教师数	1.000	1.000	1.000	1.000	1.000
普通中学数	0.640	0.677	0.651	0.643	0.608
小学数	0.692	0.691	0.710	0.691	0.696
每千人医生护士数	1.000	0.923	0.892	0.987	1.000
每万人医院数	0.442	0.412	0.408	0.403	0.436
每千人拥有病床数	0.067	0.063	0.064	0.066	0.067
当年政府体育民生实事项目数	0.111	0.100	0.167	0.000	0.036
人均公共体育服务经费	0.098	0.090	0.090	0.203	0.175
3A 级以上体育社团个数	0.240	0.129	0.114	0.000	0.000
人均公共体育场地面积	1.000	1.000	0.955	0.841	0.698
城乡社区体育公园覆盖率	0.839	0.952	0.546	0.541	0.399
每万人拥有健身步道千米数	0.976	0.629	0.728	0.697	0.498
每万人拥有晨晚练健身站点数量	0.337	0.399	0.234	0.186	0.148
每万人拥有社会体育指导员数量	0.157	0.177	0.270	0.333	0.476
年开展体育健身讲座的次数	0.020	0.009	0.002	0.048	0.000
年开展群众体育活动次数	0.006	0.009	0.009	0.019	0.029
年承办体育赛事次数	0.519	0.500	0.654	0.744	0.973
年体育产业总规模	0.388	0.437	0.493	0.571	0.659

从表 7-1 中我们可以看到，2013—2017 年南京市民生幸福指标标准化数值。其中，南京高校数、高等学校在校学生、义务教育普及率、人均教育经费、普通高等院校专任教师数在九个代表城市中均为最高；人均公共体育绿

地面积、工业二氧化硫去除量、每万人医院数、人均公共体育服务经费等指标每年得分都低于0.5，每千人拥有病床数、年开展群众体育活动次数、年开展体育健身讲座的次数等指标得分均小于0.1，接近全省最低水平，这与南京的城市人口规模有关，表明南京的公共体育和医疗投入滞后于人口增长速度。

从每个指标的变化趋势来看，南京市年开展群众体育活动次数、年承办体育赛事次数、年体育产业总规模、每万人拥有社会体育指导员数量等指标总体呈增长趋势，五年增长率分别达到了383.33%、87.48%、69.85%、203.18%，其中，年开展群众体育活动次数增长最为迅速；人均公共体育场地面积、城乡社区体育公园覆盖率、3A级以上体育社团个数、人均公共体育绿地面积等指标总体呈下降趋势，五年下降率分别为 -30.20%、-52.44%、-100.00%、-50.26%，其中，3A级以上体育社团个数下降最为迅速。

从单个年份来看，南京市2014年增长最快的指标是失业率，为201.20%，下降最快的指标为年开展体育健身讲座的次数，为 -55.00%；2015年增长最快的指标是每万人拥有社会体育指导员数量，为52.54%，下降最快的指标是失业率，为 -95.60%；2016年增长最快的指标是年开展体育健身讲座的次数，为2300.00%，下降最快的指标是当年政府体育民生实事项目数，为 -16.70%；2017年增长最快的指标是年开展群众体育活动次数，为52.63%，下降最快的指标是城市垃圾无害化处理率，为 -40.30%。

从2013—2017年南京市民生幸福指数（见表7-2）和2013—2017年南京市民生幸福曲线（见图7-1）可以看出，南京市民生幸福指数呈波动下降趋势。2013—2017年，南京市民生幸福指数最高值为2014年的0.606，最低值为2017年的0.562，2014—2017年的增长率分别为1.34%、-6.93%、2.66%、-2.94%，总体增长率为 -5.87%，下降幅度较大。人均公共体育绿地面积、人均公共体育场地面积、城乡社区体育公园覆盖率、每万人拥有健身步道千米数、每万人拥有晨晚练健身站点数量等指标在指数模型中权重较大，而且连续几年呈递减趋势，致使南京市民生幸福指数下降。作为江苏省的省会城市，南京市土地资源稀缺，因此在公共场地拓展方面存在困难，人均体育资源占有率逐年下降。

表 7-2　　　　　　　　2013—2017 年南京市民生幸福指数

年份	2013	2014	2015	2016	2017
民生幸福指数	0.598	0.606	0.564	0.579	0.562

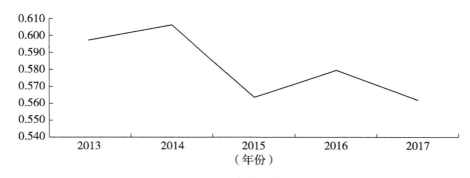

图 7-1　2013—2017 年南京市民生幸福曲线

表 7-3　　　　2013—2017 年南京市公共体育服务指数对民生幸福指数的拉动分析

指标	2013—2014 年	2014—2015 年	2015—2016 年	2016—2017 年	均值
公共体育服务指数增长率	-0.034	-0.042	-0.023	-0.031	-0.033
民生幸福指数增长率	0.013	-0.069	0.027	-0.030	-0.015
拉动弹性	0.398	1.711	1.085	1.005	0.440

从表 7-3 中可以看出，2013—2017 年南京市公共体育服务指数对民生幸福指数的拉动弹性分别为 0.398、1.711、1.085、1.005。2014—2015 年弹性最大，每一单位公共体育服务的发展会带来 1.711 单位的幸福感；2013—2017 年弹性均值为 0.440。计算结果说明，2013—2017 年南京市公共体育服务指数对民生幸福指数的拉动整体表现趋于稳定。这说明南京市在公共体育服务体系建设、健身场地设施投入等方面的努力保障了群众的幸福感和获得感，全民健身理念成为影响老百姓生活质量的重要因素。

二、苏州民生幸福指数拉动弹性分析

从苏州市民生幸福指数来看，2013—2017 年苏州一直位列江苏省第一。表 7-4 为 2013—2017 年苏州市民生幸福指标标准化数值。

从表7-4中可以看出，人均城市道路面积、工业废水排放达标量、城镇居民人均可支配收入、农村居民人均可支配收入、义务教育普及率、普通中学数、每千人拥有病床数、人均公共体育服务经费、年开展体育健身讲座的次数、年承办体育赛事次数、年体育产业总规模在九个代表城市中每年都最高。苏州在增加居民收入、民生投入、教育发展和公共体育服务等方面发展水平较高，超过其他城市；人均公共体育绿地面积、工业烟尘去除量、高校数、高等学校在校学生、人均教育经费、普通高等院校专任教师数、当年政府体育民生实事项目数、3A级以上体育社团个数、年开展群众体育活动次数等指标，每年得分均低于0.5，其中，工业烟尘去除量、高等学校在校学生、当年政府体育民生实事项目数等指标得分均低于0.2，接近全省最低水平，上述指标与苏州的工业化水平、高等教育基础、组织化体育人口建设规模相关。

从每个指标的变化趋势来看，人均居住面积、工业二氧化硫去除量、人均教育经费以及每万人拥有晨晚练健身站点数量、每万人拥有社会体育指导员数量等指标总体呈增长趋势，五年增长率分别达到42.45%、161.14%、445.59%、485.87%、203.18%，其中，每万人拥有晨晚练健身站点数量增长最为迅速；人均公共体育绿地面积、工业烟尘去除量、每万人医院数、3A级以上体育社团个数等指标总体呈下降趋势，五年下降率分别为-69.76%、-100.00%、-17.85%、-77.50%，其中，工业烟尘去除量下降最为迅速。

从单个年份来看，2014年增长最快的指标是人均教育经费，为314.71%，下降最快的指标是人均公共体育绿地面积，为-55.29%；2015年增长最快的指标是每万人拥有社会体育指导员数量，为52.54%，下降最快的指标是人均教育经费，为-48.94%；2016年增长最快的指标是失业率，为1177.08%，下降最快的指标是3A级以上体育社团个数，为-64.50%；2017年增长最快的指标是每万人拥有晨晚练健身站点数量，为136.40%，下降最快的指标是失业率，为-54.16%。

从2013—2017年苏州市民生幸福指数（见表7-5）和2013—2017年苏州市民生幸福曲线（见图7-2）可以看出，苏州市民生幸福指数呈现出先下降后上升的趋势，最高值为2016年的0.721，最低值为2014年的0.642，2014—2017年的增长率分别为-1.68%、2.49%、9.57%、-1.39%，总体增长率为 8.99%，整体上升幅度较大。

表 7 - 4　　　　2013—2017 年苏州市民生幸福指标标准化数值

指标	2013 年	2014 年	2015 年	2016 年	2017 年
人均公共体育绿地面积	0.463	0.207	0.194	0.128	0.140
城市污水处理率	1.000	0.965	0.951	0.967	0.915
城市垃圾无害化处理率	0.301	0.504	0.433	0.810	0.662
人均居住面积	0.636	0.726	0.726	0.826	0.906
人均城市道路面积	1.000	1.000	1.000	1.000	1.000
工业烟尘去除量	0.138	0.122	0.143	0.000	0.000
工业废水排放达标量	1.000	1.000	1.000	1.000	1.000
工业二氧化硫去除量	0.206	0.212	0.282	0.381	0.540
城镇居民人均可支配收入	1.000	1.000	1.000	1.000	1.000
农村居民人均可支配收入	1.000	1.000	1.000	1.000	1.000
失业率	0.055	0.033	0.048	0.613	0.281
高校数	0.298	0.309	0.296	0.315	0.315
高等学校在校学生	0.174	0.180	0.184	0.187	0.185
义务教育普及率	1.000	1.000	1.000	1.000	1.000
人均教育经费	0.068	0.282	0.144	0.290	0.371
普通高等院校专任教师数	0.174	0.208	0.206	0.205	0.206
普通中学数	0.902	1.000	1.000	1.000	1.000
小学数	0.585	0.804	0.820	0.824	0.820
每千人医生护士数	0.744	0.684	0.679	0.691	0.663
每万人医院数	0.986	0.945	0.862	0.839	0.810
每千人拥有病床数	1.000	1.000	1.000	1.000	1.000
当年政府体育民生实事项目数	0.000	0.000	0.000	0.000	0.000
人均公共体育服务经费	1.000	1.000	1.000	1.000	1.000
3A 级以上体育社团个数	0.400	0.355	0.200	0.071	0.090
人均公共体育场地面积	0.744	0.830	1.000	1.000	1.000
城乡社区体育公园覆盖率	0.648	0.905	0.636	0.946	1.000
每万人拥有健身步道千米数	1.000	0.573	0.630	1.000	0.520

续　表

指标	2013 年	2014 年	2015 年	2016 年	2017 年
每万人拥有晨晚练健身站点数量	0.092	0.115	0.089	0.228	0.539
每万人拥有社会体育指导员数量	0.157	0.177	0.270	0.333	0.476
年开展体育健身讲座的次数	1.000	1.000	1.000	1.000	1.000
年开展群众体育活动次数	0.279	0.315	0.353	0.338	0.341
年承办体育赛事次数	1.000	1.000	1.000	1.000	1.000
年体育产业总规模	1.000	1.000	1.000	1.000	1.000

表 7 – 5　　　　　　　2013—2017 年苏州市民生幸福指数

年份	2013	2014	2015	2016	2017
民生幸福指数	0.653	0.642	0.658	0.721	0.711

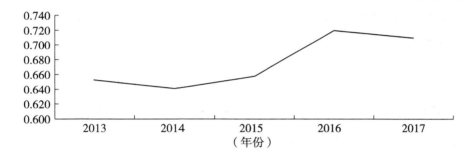

图 7 – 2　2013—2017 年苏州市民生幸福曲线

2013—2017 年苏州市公共体育服务指数对民生幸福指数的拉动弹性分别为
4.760、3.051、0.862、3.098（见表 7 – 6），2013—2014 年弹性最大，每一单位
公共体育服务的发展会带来 4.760 单位的幸福感，2013—2017 年弹性均值
为 0.708。

表 7 – 6　　2013—2017 年苏州市公共体育服务指数对民生幸福指数的拉动分析

指标	2013—2014 年	2014—2015 年	2015—2016 年	2016—2017 年	均值
公共体育服务指数增长率	0.003	0.008	0.111	0.004	0.032
民生幸福指数增长率	– 0.017	0.025	0.096	– 0.014	0.023
拉动弹性	4.760	3.051	0.862	3.098	0.708

三、南京和苏州民生幸福指数拉动弹性比较分析

（一）民生幸福指数比较分析

从总体上来看，苏州民生幸福指数每年都位居全省第一，南京民生幸福指数每年都是全省第二，2013—2017 年五年来苏州与南京的民生幸福指数差值分别为 0.055、0.036、0.094、0.142、0.149，除 2014 年差距有所缩小外，其余年份差距都在增大，可见苏州这五年民生幸福指数基本呈上升趋势。

从细分指标上来看，南京的教育基础雄厚，例如，人均教育经费南京五年均值为 1.000，而苏州只有 0.231；普通高等院校专任教师数南京五年均值为 1.000，而苏州为 0.200；而苏州在医疗、体育和增加居民收入等指标上体现出发展优势，例如，苏州农村居民人均可支配收入五年均值为 1.0000，而南京仅约为苏州的一半，为 0.530。

（二）民生幸福指数拉动系数比较分析

从整体上来看，苏州公共体育服务指数对于民生幸福指数的拉动水平要高于南京。苏州五年的弹性均值为 0.708，而南京五年的弹性均值为 0.440。由此可见，苏州公共体育服务指数对于民生幸福指数的拉动属于较高的正向关系。

第二节　无锡和常州民生幸福指数拉动弹性分析

一、无锡民生幸福指数拉动弹性分析

从表 7-7 中可见 2013—2017 年无锡市民生幸福指标标准化数值。其中，城市垃圾无害化处理率、人均居住面积、工业烟尘去除量、义务教育普及率、每万人拥有健身步道千米数、每万人医院数等指标在九个代表城市中基本上每年都是最高的，可见无锡在医疗、民生等相关领域投入较高；人均公共体育绿地面积、人均城市道路面积、工业废水排放达标量、工业二氧化硫去除

量、高校数、高等学校在校学生、普通高等院校专任教师数、普通中学数、小学数、每千人拥有病床数、人均公共体育服务经费、每万人拥有晨晚练健身站点数量等指标，每年得分基本低于0.5，其中工业废水排放达标量、工业二氧化硫去除量、普通高等院校专任教师数、年开展群众体育活动次数、年体育产业总规模等指标得分基本低于0.1，这与无锡的工业制造、环境保护和高等教育、群众体育、体育产业等发展现状密切相关。

表 7－7　　　　2013—2017 年无锡市民生幸福指标标准化数值

指标	2013 年	2014 年	2015 年	2016 年	2017 年
人均公共体育绿地面积	0.414	0.186	0.185	0.147	0.146
城市污水处理率	0.414	0.059	0.305	0.544	0.775
城市垃圾无害化处理率	1.000	1.000	1.000	1.000	0.549
人均居住面积	0.968	0.894	0.782	0.901	0.876
人均城市道路面积	0.138	0.235	0.000	0.000	0.000
工业烟尘去除量	1.000	1.000	1.000	1.000	0.893
工业废水排放达标量	0.077	0.071	0.064	0.092	0.081
工业二氧化硫去除量	0.080	0.075	0.102	0.117	0.159
城镇居民人均可支配收入	0.891	0.786	0.787	0.783	0.781
农村居民人均可支配收入	0.911	0.891	0.892	0.892	0.895
失业率	0.055	0.017	0.039	0.484	0.222
高校数	0.140	0.145	0.130	0.130	0.130
高等学校在校学生	0.078	0.080	0.080	0.078	0.078
义务教育普及率	1.000	1.000	1.000	1.000	1.000
人均教育经费	0.883	0.506	0.496	0.490	0.478
普通高等院校专任教师数	0.079	0.091	0.088	0.086	0.088
普通中学数	0.384	0.415	0.395	0.401	0.380
小学数	0.246	0.214	0.251	0.253	0.245
每千人医生护士数	0.576	0.536	0.542	0.551	0.538
每万人医院数	0.933	0.915	0.874	0.878	0.874
每千人拥有病床数	0.145	0.141	0.144	0.146	0.147

指标	2013 年	2014 年	2015 年	2016 年	2017 年
当年政府体育民生实事项目数	0.333	0.300	0.167	0.294	0.147
人均公共体育服务经费	0.173	0.158	0.168	0.316	0.238
3A 级以上体育社团个数	0.720	0.645	0.543	0.381	0.349
人均公共体育场地面积	0.672	0.679	0.726	0.631	0.543
城乡社区体育公园覆盖率	0.801	1.000	1.000	1.000	0.881
每万人拥有健身步道千米数	0.975	1.000	1.000	0.949	1.000
每万人拥有晨晚练健身站点数量	0.000	0.000	0.021	0.000	0.000
每万人拥有社会体育指导员数量	0.132	0.114	0.056	0.000	0.000
年开展体育健身讲座的次数	0.336	0.257	0.393	0.409	0.333
年开展群众体育活动次数	0.000	0.009	0.018	0.027	0.039
年承办体育赛事次数	0.003	0.029	0.205	0.326	0.629
年体育产业总规模	0.035	0.047	0.050	0.062	0.083

从每个指标的变化趋势来看，无锡市城市污水处理率、工业二氧化硫去除量、年承办体育赛事次数、年体育产业总规模等指标总体呈增长趋势，五年增长率分别达到 87.20%、98.75%、20866.67%、137.14%，其中，年承办体育赛事次数增长最为迅速；人均公共体育绿地面积、人均教育经费、3A 级以上体育社团个数、每万人拥有社会体育指导员数量等指标每年都在下降，五年下降率分别为 - 64.73%、- 45.87%、- 51.53%、- 100.00%，其中，每万人拥有社会体育指导员数量下降最为迅速。

从单个年份来看，无锡市 2014 年增长最快的指标是年承办体育赛事次数，为 866.67%，下降最快的指标是城市污水处理率，为 - 85.75%；2015 年增长最快的指标是年承办体育赛事次数，为 606.90%，下降最快的指标是每万人拥有社会体育指导员数量，为 - 50.88%；2016 年增长最快的指标是失业率，为 1141.03%，下降最快的指标是 3A 级以上体育社团个数，为 - 29.83%；2017 年增长最快的指标是年承办体育赛事次数，为 92.94%，下降最快的指标是失业率，为 54.13%。

　　从 2013—2017 年无锡市民生幸福指数（见表 7 - 8）和 2013—2017 年无锡市民生幸福曲线（见图 7 - 3）可以看出，无锡市民生幸福指数呈现出波动的趋势，最高值为 2016 年的 0.500，最低值为 2015 年的 0.460，2014—2017年的增长率分别为 - 2.91%、- 1.50%、8.70%、- 7.40%，总体增长率为 - 3.11%。

表 7 - 8　　　　　　　　2013—2017 年无锡市民生幸福指数

年份	2013	2014	2015	2016	2017
民生幸福指数	0.481	0.467	0.460	0.500	0.463

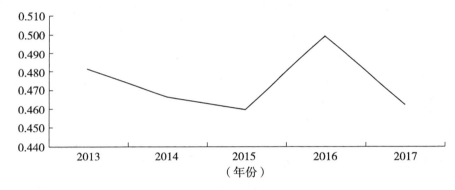

图 7 - 3　2013—2017 年无锡市民生幸福曲线

　　2013—2017 年无锡市公共体育服务指数对民生幸福指数的拉动弹性分别为 0.731、0.218、4.134、55.621（见表 7 - 9），2016—2017 年弹性最大，每一单位公共体育服务的发展会带来 55.621 单位的幸福感，2013—2017 年弹性均值为 0.247。

表 7 - 9　　2013—2017 年无锡市公共体育服务指数对民生幸福指数的拉动分析

指标	2013—2014 年	2014—2015 年	2015—2016 年	2016—2017 年	均值
公共体育服务指数增长率	0.041	0.068	0.021	0.003	0.033
民生幸福指数增长率	- 0.029	- 0.015	0.087	- 0.074	- 0.008
拉动弹性	0.731	0.218	4.134	55.621	0.247

二、常州民生幸福指数拉动弹性分析

2013—2017 年常州市民生幸福指标标准化数值如表 7 – 10 所示。其中，常州市城市污水处理率、城市垃圾无害化处理率、人均居住面积、义务教育普及率、当年政府体育民生实事项目数、每万人拥有晨晚练健身站点数量在九个代表城市中都相对较高，可见常州市重视环境保护和民生相关领域的建设和投入；人均公共体育绿地面积、工业烟尘去除量、工业二氧化硫去除量、高校数、高等学校在校学生、普通高等院校专任教师数、每万人医院数、每千人拥有病床数、人均公共体育服务经费、年开展群众体育活动次数、年开展体育健身讲座的次数等指标得分较低，其中，工业二氧化硫去除量、高校数、高等学校在校学生、普通高等院校专任教师数、人均公共体育服务经费、年开展群众体育活动次数等指标得分都低于 0.1，接近全省最低水平，这一方面与常州市的高等教育基础有关，另一方面与政府对医疗和体育的财政投入有关。

表 7 – 10　　　　2013—2017 年常州市民生幸福指标标准化数值

指标	2013 年	2014 年	2015 年	2016 年	2017 年
人均公共体育绿地面积	0.055	0.000	0.078	0.106	0.167
城市污水处理率	1.000	0.987	0.989	1.013	1.000
城市垃圾无害化处理率	1.000	1.000	1.000	1.000	0.549
人均居住面积	1.000	0.943	0.945	0.919	0.912
人均城市道路面积	0.742	0.760	0.625	0.644	0.584
工业烟尘去除量	0.000	0.000	0.000	0.504	0.076
工业废水排放达标量	0.000	0.000	0.000	0.901	0.272
工业二氧化硫去除量	0.000	0.000	0.000	0.009	0.046
城镇居民人均可支配收入	0.786	0.688	0.689	0.687	0.676
农村居民人均可支配收入	0.735	0.711	0.723	0.716	0.710
失业率	1.000	0.000	0.961	0.484	1.000
高校数	0.088	0.091	0.093	0.093	0.093
高等学校在校学生	0.094	0.093	0.089	0.088	0.087

指标	2013 年	2014 年	2015 年	2016 年	2017 年
义务教育普及率	1.000	1.000	1.000	1.000	1.000
人均教育经费	0.709	0.646	0.364	0.264	0.181
普通高等院校专任教师数	0.068	0.075	0.076	0.080	0.087
普通中学数	0.305	0.280	0.285	0.275	0.264
小学数	0.209	0.220	0.263	0.265	0.250
每千人医生护士数	0.118	0.109	0.111	0.070	0.057
每万人医院数	0.250	0.263	0.238	0.244	0.225
每千人拥有病床数	0.052	0.027	0.026	0.027	0.028
当年政府体育民生实事项目数	1.000	1.000	0.917	1.000	1.000
人均公共体育服务经费	0.050	0.043	0.039	0.068	0.046
3A 级以上体育社团个数	0.720	0.000	0.657	0.524	0.230
人均公共体育场地面积	0.499	0.546	0.535	0.669	0.736
城乡社区体育公园覆盖率	0.645	0.810	0.455	0.451	0.328
每万人拥有健身步道千米数	0.837	0.843	0.663	0.606	0.678
每万人拥有晨晚练健身站点数量	0.776	1.000	0.747	0.726	0.874
每万人拥有社会体育指导员数量	0.052	0.114	0.326	0.333	0.442
年开展体育健身讲座的次数	0.015	0.016	0.018	0.013	0.009
年开展群众体育活动次数	0.012	0.019	0.018	0.024	0.030
年承办体育赛事次数	0.259	0.088	0.295	0.244	0.133
年体育产业总规模	0.243	0.255	0.254	0.262	0.273

从每个指标的变化趋势来看，人均公共体育绿地面积、普通高等院校专任教师数、人均公共体育场地面积、每万人拥有社会体育指导员数量、年开展群众体育活动次数等指标总体呈增长趋势，五年增长率分别达到 203.64%、27.94%、47.49%、750.00%、150.00%，其中，每万人拥有社会体育指导员数量增长最为迅速；高等学校在校学生、人均教育经费、每千人拥有病床数、城乡社区体育公园覆盖率等指标总体呈下降趋势，五年下降率分别为

−7.45%、−74.47%、−46.15%、−49.15%，其中，人均教育经费下降最为迅速。

从单个年份来看，2014年增长最快的指标是每万人拥有社会体育指导员数量，为119.23%，下降最快的指标是失业率，为−100.00%；2015年增长最快的指标是年承办体育赛事次数，为235.23%，下降最快的指标是人均教育经费，为−43.65%；2016年增长最快的指标是工业废水排放达标量，下降最快的指标是失业率，为−49.64%；2017年增长最快的指标是工业二氧化硫去除量，为411.11%，下降最快的指标是工业烟尘去除量，为−84.92%。

由2013—2017年常州市民生幸福指数（见表7−11）和2013—2017年常州市民生幸福曲线（见图7−4）可以看出，常州市民生幸福指数呈现出先增后减的趋势，最高值为2016年的0.509，最低值为2017年的0.439，2014—2017年的增长率分别为1.46%、1.84%、2.41%、−13.75%，总体增长率为−8.04%，整体波动幅度较大。

表7−11　　　　　　2013—2017年常州市民生幸福指数

年份	2013	2014	2015	2016	2017
民生幸福指数	0.481	0.488	0.497	0.509	0.439

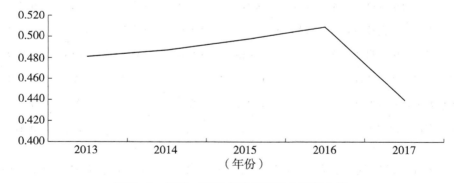

图7−4　2013—2017年常州市民生幸福曲线

2013—2017年常州市公共体育服务指数对民生幸福指数的拉动弹性分别为2.864、0.385、0.984、45.124（见表7−12），2016—2017年弹性最高，每一单位公共体育服务的发展会带来45.124单位的幸福感，2013—2017年弹性均值为3.870。

表7-12　　2013—2017年常州市公共体育服务指数对民生幸福指数的拉动分析

指标	2013—2014年	2014—2015年	2015—2016年	2016—2017年	均值
公共体育服务指数增长率	0.004	-0.051	0.023	0.002	-0.006
民生幸福指数增长率	0.015	0.018	0.024	-0.138	-0.020
拉动弹性	2.864	0.385	0.984	45.124	3.870

三、无锡和常州民生幸福指数拉动弹性比较分析

（一）民生幸福指数比较分析

从总体上来看，无锡、常州的民生幸福指数基本位居全省第三或第四（常州排名稍靠前）。2013—2017年无锡与常州的民生幸福指数差值分别为0、-0.021、-0.037、-0.009、0.024，说明无锡与常州民生幸福指数基本一致，两市差距较小。

从细分指标来看，无锡在卫生医疗方面的发展力度较大，例如，每千人医生护士数无锡五年均值为0.549，在九个代表城市中相对较高，而常州只有0.093；每万人医院数无锡五年均值为0.895，而常州为0.244。但常州在体育民生项目上比无锡重视得多，例如，当年政府体育民生实事项目数常州五年均值为0.983，而无锡为0.248。

（二）拉动系数比较分析

从整体上来看，常州公共体育服务指数对民生幸福指数的拉动水平要高于无锡（常州五年的弹性均值为3.870，而无锡为0.247）。常州和无锡公共体育服务指数对于民生幸福指数的拉动均呈现正向关系（常州最高弹性为45.124，无锡最高弹性为55.621）。

第三节　扬州和镇江民生幸福指数拉动弹性分析

一、扬州民生幸福指数拉动弹性分析

从扬州市民生幸福指数来看，2013—2017年扬州在江苏省内排名比较靠

后。从表 7 - 13 中我们可以看到 2013—2017 年扬州市民生幸福指标标准化数值。其中，城市污水处理率、城市垃圾无害化处理率、义务教育普及率、城乡社区体育公园覆盖率、每万人拥有晨晚练健身站点数量相对其他指标来说属于高分指标，说明扬州市在环境质量优化、组织化体育人口发展等领域投入较高。人均公共体育绿地面积、工业废水排放达标量、城镇居民人均可支配收入、农村居民人均可支配收入、高校数、人均教育经费、人均公共体育场地面积等指标，每年得分基本低于 0.5，其中，工业废水排放达标量、高校数、高等学校在校学生、普通高等院校专任教师数、每千人拥有病床数等指标得分更是低于 0.1，接近全省较低水平。

从每个指标的变化趋势来看，人均公共体育服务经费、人均公共体育场地面积、年开展体育健身讲座的次数、年体育产业总规模等指标总体呈增长趋势，五年增长率分别达到 88.89%、208.08%、133.90%、143.33%，其中，人均公共体育场地面积增长最为迅速；人均公共体育绿地面积、城镇居民人均可支配收入、普通中学数、每万人医院数等指标总体呈下降趋势，五年下降率分别为 - 61.92%、- 85.80%、- 17.53%、- 28.20%，其中，城镇居民人均可支配收入下降最为迅速。

从单个年份来看，2014 年增长最快的指标是失业率，为 206.12%，下降最快的指标是每万人拥有健身步道千米数，为 - 73.39%；2015 年增长最快的指标是每千人医生护士数，为 126.88%，下降最快的指标是人均教育经费，为 - 83.88%；2016 年增长最快的指标是失业率，为 719.67%，下降最快的指标是每千人医生护士数，为 - 42.55%；2017 年增长最快的指标是人均公共体育场地面积，为 71.35%，下降最快的指标是城镇居民人均可支配收入，为 - 75.13%。

表 7 - 13　　　2013—2017 年扬州市民生幸福指标标准化数值

指标	2013 年	2014 年	2015 年	2016 年	2017 年
人均公共体育绿地面积	0.386	0.189	0.183	0.148	0.147
城市污水处理率	0.860	0.819	0.832	0.833	0.789
城市垃圾无害化处理率	1.000	1.000	0.964	1.000	0.545

续 表

指标	2013 年	2014 年	2015 年	2016 年	2017 年
人均居住面积	0.507	0.289	0.185	0.347	0.282
人均城市道路面积	0.433	0.322	0.090	0.099	0.103
工业烟尘去除量	0.331	0.313	0.347	0.228	0.203
工业废水排放达标量	0.034	0.057	0.037	0.061	0.052
工业二氧化硫去除量	0.308	0.297	0.359	0.306	0.352
城镇居民人均可支配收入	0.331	0.308	0.186	0.189	0.047
农村居民人均可支配收入	0.199	0.211	0.215	0.196	0.204
失业率	0.196	0.600	0.122	1.000	0.329
高校数	0.053	0.055	0.037	0.056	0.056
高等学校在校学生	0.037	0.040	0.038	0.038	0.038
义务教育普及率	1.000	1.000	1.000	1.000	1.000
人均教育经费	0.055	0.242	0.039	0.102	0.113
普通高等院校专任教师数	0.054	0.067	0.059	0.057	0.056
普通中学数	0.348	0.354	0.331	0.308	0.287
小学数	0.311	0.280	0.284	0.276	0.277
每千人医生护士数	0.881	0.346	0.785	0.451	0.385
每万人医院数	0.500	0.447	0.405	0.341	0.359
每千人拥有病床数	0.000	0.000	0.000	0.000	0.000
当年政府体育民生实事项目数	0.111	0.200	0.250	0.235	0.241
人均公共体育服务经费	0.018	0.018	0.023	0.042	0.034
3A 级以上体育社团个数	0.000	0.065	0.000	0.000	0.128
人均公共体育场地面积	0.099	0.097	0.045	0.178	0.305
城乡社区体育公园覆盖率	1.000	0.571	0.955	0.901	0.263
每万人拥有健身步道千米数	0.759	0.202	0.261	0.364	0.278
每万人拥有晨晚练健身站点数量	1.000	0.923	1.000	1.000	0.926
每万人拥有社会体育指导员数量	0.382	0.367	0.270	0.200	0.157
年开展体育健身讲座的次数	0.059	0.069	0.091	0.110	0.138
年开展群众体育活动次数	0.081	0.065	0.088	0.087	0.068
年承办体育赛事次数	0.063	0.039	0.000	0.000	0.000
年体育产业总规模	0.030	0.044	0.045	0.055	0.073

从 2013—2017 年扬州市民生幸福指数（见表 7 - 14）和 2013—2017 年扬州市民生幸福曲线（见图 7 - 5）可以看出，扬州市民生幸福指数呈现出先下降后上升再下降的波动趋势，最高值为 2013 年的 0.316，最低值为 2017 年的 0.225，2014—2017 年增长率分别为 - 7.59%、- 8.56%、15.73%、- 27.18%，总体增长率为 - 27.61%，整体波动明显。

表 7 - 14　　　　　2013—2017 年扬州市民生幸福指数

年份	2013	2014	2015	2016	2017
民生幸福指数	0.316	0.292	0.267	0.309	0.225

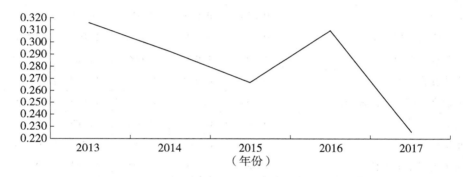

图 7 - 5　2013—2017 年扬州市民生幸福曲线

2013—2017 年扬州市公共体育服务指数对民生幸福指数的拉动弹性分别为 0.279、0.567、1.919、1.642（见表 7 - 15），2015—2016 年弹性最高，每一单位公共体育服务的发展会带来 1.642 单位的幸福感，2013—2017 年弹性均值为 1.343。

表 7 - 15　　　2013—2017 年扬州市公共体育服务指数对民生幸福指数的拉动分析

指标	2013—2014 年	2014—2015 年	2015—2016 年	2016—2017 年	均值
公共体育服务指数增长率	- 0.274	0.150	0.082	- 0.166	- 0.052
民生幸福指数增长率	- 0.076	- 0.086	0.157	- 0.272	- 0.069
拉动弹性	0.279	0.567	1.919	1.642	1.343

二、镇江民生幸福指数拉动弹性分析

2013—2017 年镇江市民生幸福指标标准化数值如表 7－16 所示。其中，城市垃圾无害化处理率、人均居住面积、工业二氧化硫去除量、义务教育普及率、每万人医院数、每万人拥有社会体育指导员数量相对于其他指标来说较高，说明镇江市在医疗卫生领域的投入以及社会体育指导员建设方面具有一定优势；城市污水处理率、工业废水排放达标量、高校数、高等学校在校学生、人均教育经费、普通高等院校专任教师数、普通中学数、小学数、每千人医生护士数、每千人拥有病床数、年承办体育赛事次数等指标每年得分基本低于 0.5，其中，高校数、高等学校在校学生、人均教育经费、普通高等院校专任教师数、年承办体育赛事次数、年体育产业总规模等指标得分低于0.1，接近全省较低水平。

表 7－16　　　2013—2017 年镇江市民生幸福指标标准化数值

指标	2013 年	2014 年	2015 年	2016 年	2017 年
人均公共体育绿地面积	1.000	0.638	0.609	0.555	0.515
城市污水处理率	0.469	0.350	0.442	0.390	0.393
城市垃圾无害化处理率	0.694	0.818	1.000	1.000	0.607
人均居住面积	0.769	1.000	1.000	1.000	1.000
人均城市道路面积	0.498	0.558	0.417	0.450	0.478
工业烟尘去除量	0.453	0.617	0.769	0.753	0.750
工业废水排放达标量	0.173	0.155	0.139	0.180	0.142
工业二氧化硫去除量	1.000	1.000	1.000	1.000	1.000
城镇居民人均可支配收入	0.552	0.527	0.525	0.526	0.529
农村居民人均可支配收入	0.520	0.499	0.519	0.508	0.517
失业率	0.055	0.017	0.039	0.484	0.222
高校数	0.018	0.018	0.000	0.019	0.019
高等学校在校学生	0.054	0.049	0.049	0.050	0.050
义务教育普及率	1.000	1.000	1.000	1.000	1.000
人均教育经费	0.000	0.164			
普通高等院校专任教师数	0.070	0.075	0.072	0.076	0.076

指标	2013 年	2014 年	2015 年	2016 年	2017 年
普通中学数	0.000	0.000	0.000	0.000	0.000
小学数	0.000	0.000	0.000	0.000	0.000
每千人医生护士数	0.109	0.096	0.086	0.025	0.000
每万人医院数	0.917	0.842	0.786	0.805	0.816
每千人拥有病床数	0.012	0.006	0.002	0.002	0.001
当年政府体育民生实事项目数	0.111	0.000	0.083	0.059	0.027
人均公共体育服务经费	0.203	0.189	0.209	0.378	0.284
3A 级以上体育社团个数	0.245	0.290	0.343	0.238	0.302
人均公共体育场地面积	0.417	0.436	0.420	0.490	0.535
城乡社区体育公园覆盖率	0.244	0.381	0.136	0.135	0.115
每万人拥有健身步道千米数	0.663	0.303	0.228	0.323	0.261
每万人拥有晨晚练健身站点数量	0.354	0.474	0.404	0.419	0.569
每万人拥有社会体育指导员数量	1.000	1.000	1.000	1.000	0.953
年开展体育健身讲座的次数	0.095	0.101	0.099	0.101	0.103
年开展群众体育活动次数	0.000	0.000	0.000	0.000	0.000
年承办体育赛事次数	0.000	0.000	0.000	0.035	0.098
年体育产业总规模	0.035	0.049	0.050	0.053	0.063

从每个指标的变化趋势来看，人均居住面积、工业烟尘去除量、年体育产业总规模等指标整体呈增长趋势，五年增长率分别达到 30.04%、65.56%、80.00%，其中，年体育产业总规模增长最为迅速；人均公共体育绿地面积、每千人医生护士数、每千人拥有病床数等指标整体呈下降趋势，五年下降率分别为 -48.50%、-100.00%、-91.67%，其中，每千人拥有病床数下降最为迅速。

从单个年份来看，2014 年增长最快的指标是城乡社区体育公园覆盖率，为 56.15%，下降最快的指标是失业率，为 -69.09%；2015 年增长最快的指标是失业率，为 129.41%，下降最快的指标是每千人拥有病床数，为 -66.67%；2016 年增长最快的指标是失业率，为 1141.03%，下降最快的指标是每千人医生护士数，为 -70.93%；2017 年增长最快的指标是年承办体育赛事次数，为 180.00%，下降最快的指标是每千人医生护士数，为 -100%。

从 2013—2017 年镇江市民生幸福指数（见表 7 - 17）和 2013—2017 年镇江市民生幸福曲线（见图 7 - 6）可以看出，镇江市民生幸福指数呈现出先下降后上升再下降的波动趋势，最高值为 2016 年的 0.350，最低值为 2015 年的 0.322，2014—2017 年的增长率分别为 -1.77%、-3.30%、8.70%、-4.29%，总体增长率为 -0.66%，虽有下滑但幅度较小。

表 7 - 17　　　　　　　2013—2017 年镇江市民生幸福指数

年份	2013	2014	2015	2016	2017
民生幸福指数	0.339	0.333	0.322	0.350	0.335

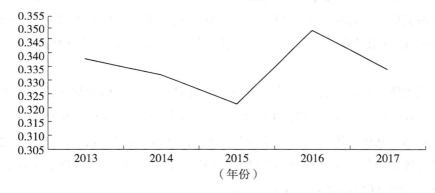

图 7 - 6　2013—2017 年镇江市民生幸福曲线

2013—2017 年镇江市公共体育服务指数对民生幸福指数的拉动弹性分别为 0.443、0.298、0.663、0.617（见表 7 - 18），2015—2016 年弹性最大，每一单位公共体育服务的发展会带来 0.663 单位的幸福感，2013—2017 年弹性均值为 0.147。

表 7 - 18　　　2013—2017 年镇江市公共体育服务指数对民生幸福指数的拉动分析

指标	2013—2014 年	2014—2015 年	2015—2016 年	2016—2017 年	均值
公共体育服务指数增长率	-0.043	-0.110	0.128	0.069	0.011
民生幸福指数增长率	-0.018	-0.033	0.087	-0.043	-0.002
拉动弹性	0.443	0.298	0.663	0.617	0.147

三、扬州和镇江民生幸福指数拉动弹性比较分析

从总体上来看，镇江市民生幸福指数排名为第六名左右，扬州市民生幸福指数排名每年都是第七名，2013—2017 年镇江与扬州的民生幸福指数差值分别为 0.023、0.041、0.055、0.041、0.110，两市民生幸福指数除 2016 年差距有所缩小以外，其余年份差距在逐步扩大，可见镇江五年来民生幸福指数总体趋势变动不大，而扬州民生幸福指数五年来有所下滑。

从细分指标上来看，扬州在城市垃圾处理和公共体育投入上指标相对较好，例如，城市污水处理率扬州五年均值为 0.827，而镇江只有 0.409，城乡社区体育公园覆盖率扬州五年均值为 0.738，而镇江为 0.202；镇江在民生和工业垃圾处理上相对占优，例如，在工业二氧化硫去除量上镇江五年均值为 1.000，而扬州只有 0.324；在人均居住面积上镇江五年均值为 0.954，而扬州只有 0.322。

从整体上来看，扬州公共体育服务指数对于民生幸福指数的拉动水平要高于镇江（镇江五年的弹性均值为 0.147，而扬州为 1.343）。由此可见，镇江和扬州公共体育服务指数对于民生幸福指数的拉动均是正向的，但扬州公共体育服务指数对于民生幸福指数的拉动水平高于镇江（扬州最高弹性为 1.919，镇江弹性最高为 0.663）。

第四节　盐城、连云港和淮安民生幸福指数拉动弹性分析

一、盐城民生幸福指数拉动弹性分析

从 2013—2017 年盐城市民生幸福指标标准化数值（见表 7 – 19）来看，2013—2017 年基本位居全省第五名。在 2013—2017 年盐城市民生幸福指标标准化数值中，人均居住面积、义务教育普及率、普通中学数、每千人医生护士数、当年政府体育民生实事项目数、人均公共体育场地面积等指标相对较高，说明盐城市在教育发展和公共体育服务等领域投入相对较高；城市垃圾无害化处理率、工业烟尘去除量、工业废水排放达标量、工业二氧化硫去除

量、城镇居民人均可支配收入、农村居民人均可支配收入、失业率、高校数、人均教育经费、每万人拥有晨晚练健身站点数量等指标，每年得分基本低于0.5，其中，城市垃圾无害化处理率、失业率、高校数、每千人拥有病床数、人均公共体育服务经费等指标得分低于0.1，接近全省较低水平。

从每个指标的变化趋势来看，每千人拥有病床数、年开展体育健身讲座的次数、年开展群众体育活动次数、年承办体育赛事次数等指标每年都在增长，五年增长率分别为200.00%、105.11%、114.79%、199.59%，其中，每千人拥有病床数增长最为迅速；工业二氧化硫去除量、普通中学数、人均公共体育场地面积等指标整体呈下降趋势，五年下降率分别为－100.00%、－11.60%、－31.15%，其中，工业二氧化硫去除量下降最为迅速。

从单个年份来看，2014年增长最快的指标是城市垃圾无害化处理率，为832.00%，下降最快的指标是工业二氧化硫去除量，为－81.82%；2015年增长最快的指标是人均公共体育绿地面积，为101.79%，下降最快的指标是普通高等院校专任教师数，为－20.83%；2016年增长最快的指标是人均公共体育绿地面积，为107.67%，下降最快的指标是3A级以上体育社团个数，为－47.96%；2017年增长最快的指标是每万人拥有健身步道千米数，为64.97%，下降最快的指标是工业废水排放达标量，为－24.06%。

表 7-19　　　　2013—2017 年盐城市民生幸福指标标准化数值

指标	2013 年	2014 年	2015 年	2016 年	2017 年
人均公共体育绿地面积	0.864	0.168	0.339	0.704	0.985
城市污水处理率	0.000	0.188	0.276	0.337	0.393
城市垃圾无害化处理率	0.025	0.233	0.000	0.000	0.000
人均居住面积	0.909	0.659	0.609	1.015	0.782
人均城市道路面积	0.000	0.571	0.526	0.551	0.588
工业烟尘去除量	0.270	0.253	0.475	0.284	0.241
工业废水排放达标量	0.315	0.297	0.248	0.320	0.243
工业二氧化硫去除量	0.286	0.052	0.042	0.000	0.000
城镇居民人均可支配收入	0.133	0.261	0.269	0.231	0.203

指标	2013 年	2014 年	2015 年	2016 年	2017 年
农村居民人均可支配收入	0.257	0.229	0.257	0.239	0.242
失业率	0.000	0.017	0.000	0.000	0.000
高校数	0.018	0.018	0.000	0.019	0.019
高等学校在校学生	0.018	0.019	0.033	0.032	0.027
义务教育普及率	1.000	1.000	1.000	1.000	1.000
人均教育经费	0.084	0.181	0.143	0.108	0.092
普通高等院校专任教师数	0.021	0.024	0.019	0.030	0.024
普通中学数	1.000	0.982	0.959	0.918	0.884
小学数	0.803	0.610	0.638	0.641	0.654
每千人医生护士数	0.786	0.674	0.767	0.724	0.586
每万人医院数	0.111	0.105	0.119	0.073	0.091
每千人拥有病床数	0.005	0.011	0.013	0.014	0.015
当年政府体育民生实事项目数	0.889	0.900	1.000	0.765	0.661
人均公共体育服务经费	0.000	0.000	0.000	0.000	0.000
3A 级以上体育社团个数	0.800	0.387	0.686	0.357	0.257
人均公共体育场地面积	0.886	0.903	0.866	0.745	0.610
城乡社区体育公园覆盖率	0.488	0.762	0.682	0.856	0.789
每万人拥有健身步道千米数	0.000	0.225	0.250	0.374	0.617
每万人拥有晨晚练健身站点数量	0.150	0.150	0.000	0.047	0.070
每万人拥有社会体育指导员数量	0.425	0.456	0.371	0.333	0.313
年开展体育健身讲座的次数	0.176	0.204	0.234	0.299	0.361
年开展群众体育活动次数	0.399	0.511	0.753	0.789	0.857
年承办体育赛事次数	0.245	0.255	0.372	0.523	0.734
年体育产业总规模	0.107	0.129	0.144	0.169	0.195

从 2013—2017 年盐城市民生幸福指数（见表 7 - 20）和 2013—2017 年盐城市民生幸福曲线（见图 7 - 7）可以看出，盐城市民生幸福指数呈现出先增后减的趋势，最高值为 2016 年的 0.419，最低值为 2013 年的 0.325，2014—2017 年的增长率分别为 21.54%、3.29%、2.70%、- 11.93%，总体增长率为 15.60%。

表 7 - 20　　　　　　　　　　2013—2017 年盐城市民生幸福指数

年份	2013	2014	2015	2016	2017
民生幸福指数	0.325	0.395	0.408	0.419	0.369

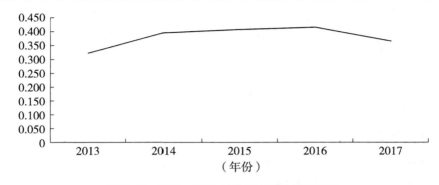

图 7 - 7　2013—2017 年盐城市民生幸福曲线

2013—2017 年盐城市公共体育服务指数对民生幸福指数的拉动弹性分别为 1.729、0.500、1.274、2.316（见表 7 - 21），2016—2017 年弹性最大，每一单位公共体育服务的发展会带来 2.316 单位的幸福感，2013—2017 年弹性均值为 0.590。

表 7 - 21　　　2013—2017 年盐城市公共体育服务指数对民生幸福指数的拉动分析

指标	2013—2014 年	2014—2015 年	2015—2016 年	2016—2017 年	均值
公共体育服务指数增长率	0.124	0.067	0.022	0.051	0.066
民生幸福指数增长率	0.215	0.033	0.027	-0.119	0.039
拉动弹性	1.729	0.500	1.274	2.316	0.590

二、连云港民生幸福指数拉动弹性分析

从 2013—2017 年连云港市民生幸福指标标准化数值（见表 7 - 22）来看，2013—2017 年连云港市在省内排名比较靠后。对 2013—2017 年连云港市民生幸福指标标准化数值进行分析，可以发现，城市污水处理率、城市垃圾无害化处理率、义务教育普及率、小学数、每万人拥有晨晚练健身站点数量、每

127

万人拥有社会体育指导员数量等指标相对于其他指标来说属于优势指标，可见连云港在环境保护和公共体育服务等相关领域取得了一定的成效和进展；人均公共体育绿地面积、人均居住面积、工业烟尘去除量、工业废水排放达标量、城镇居民人均可支配收入、高校数、每千人拥有病床数等指标每年得分基本低于0.5，其中，人均公共体育绿地面积、人均居住面积、每千人拥有病床数、人均公共体育服务经费、年承办体育赛事次数等多个指标得分低于0.1，接近全省较低水平，连云港在民生、医疗、公共体育财政投入及设施建设等方面的发展滞后于人口增长速度。

从每个指标的变化趋势来看，连云港市每千人拥有病床数、人均公共体育服务经费、3A级以上体育社团个数、年体育产业总规模等指标每年都在增长，五年增长率分别达到244.44%、187.50%、124.17%、1250.00%，其中，年体育产业总规模增长最为迅速；人均教育经费、工业烟尘去除量、普通中学数等指标每年都在下降，五年下降率分别为 -51.23%、-47.87%、-11.98%，其中，人均教育经费下降最为迅速。

从单个年份来看，连云港市2014年增长最快的指标是年体育产业总规模，为550.00%，下降最快的指标是年开展群众体育活动次数，为 -62.00%；2015年增长最快的指标是3A级以上体育社团个数，为61.86%，下降最快的指标是失业率，为 -79.86%；2016年增长最快的指标是失业率，为522.81%，下降最快的指标是当年政府体育民生实事项目数，为 -46.85%；2017年增长最快的指标是年体育产业总规模，为92.86%，下降最快的指标是失业率，为 -74.37%。

表 7 - 22　　　2013—2017 年连云港市民生幸福指标标准化数值

指标	2013 年	2014 年	2015 年	2016 年	2017 年
人均公共体育绿地面积	0.000	0.007	0.000	0.000	0.000
城市污水处理率	0.641	0.578	0.647	0.677	0.694
城市垃圾无害化处理率	0.445	0.876	1.000	1.000	0.514
人均居住面积	0.000	0.000	0.000	0.000	0.000
人均城市道路面积	0.492	0.553	0.415	0.437	0.455
工业烟尘去除量	0.399	0.294	0.369	0.240	0.208

续　表

指标	2013 年	2014 年	2015 年	2016 年	2017 年
工业废水排放达标量	0.000	0.000	0.000	0.000	0.000
工业二氧化硫去除量	0.144	0.163	0.122	0.103	0.121
城镇居民人均可支配收入	0.000	0.000	0.000	0.000	0.000
农村居民人均可支配收入	0.000	0.000	0.034	0.000	0.000
失业率	0.095	0.283	0.057	0.355	0.091
高校数	0.000	0.000	0.000	0.000	0.000
高等学校在校学生	0.000	0.000	0.000	0.000	0.000
义务教育普及率	1.000	1.000	1.000	1.000	1.000
人均教育经费	0.367	0.501	0.343	0.246	0.179
普通高等院校专任教师数	0.000	0.000	0.000	0.000	0.000
普通中学数	0.384	0.372	0.366	0.352	0.338
小学数	1.000	1.000	1.000	1.000	1.000
每千人医生护士数	0.000	0.000	0.000	0.000	0.025
每万人医院数	0.000	0.000	0.000	0.000	0.000
每千人拥有病床数	0.009	0.005	0.007	0.021	0.031
当年政府体育民生实事项目数	0.333	0.300	0.333	0.177	0.151
人均公共体育服务经费	0.016	0.016	0.019	0.051	0.046
3A 级以上体育社团个数	0.120	0.194	0.314	0.214	0.269
人均公共体育场地面积	0.595	0.618	0.682	0.586	0.504
城乡社区体育公园覆盖率	0.000	0.191	0.000	0.000	0.000
每万人拥有健身步道千米数	0.364	0.438	0.261	0.253	0.421
每万人拥有晨晚练健身站点数量	0.756	0.998	0.787	0.791	1.000
每万人拥有社会体育指导员数量	0.835	0.937	0.832	0.933	1.000
年开展体育健身讲座的次数	0.219	0.101	0.117	0.462	0.221
年开展群众体育活动次数	0.050	0.019	0.021	0.108	0.045
年承办体育赛事次数	0.079	0.059	0.026	0.047	0.065
年体育产业总规模	0.002	0.013	0.007	0.014	0.027

从 2013—2017 年连云港市民生幸福指数（见表 7 - 23）和 2013—2017 年连云港市民生幸福曲线（见图 7 - 8）可以看出，连云港市民生幸福指数呈现先增后减的趋势，最高值为 2014 年的 0.258，最低值为 2017 年的 0.201，

2014—2017 年年均增长率分别为 26. 47% 、 – 12. 40% 、0. 88% 、 – 11. 84% ，总体增长率为 – 1. 15% ，下降幅度较小。

表 7 – 23　　　　　　2013—2017 年连云港市民生幸福指数

年份	2013	2014	2015	2016	2017
民生幸福指数	0. 204	0. 258	0. 226	0. 228	0. 201

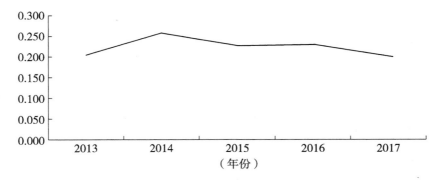

图 7 – 8　2013—2017 年连云港市民生幸福曲线

2013—2017 年连云港市公共体育服务指数对民生幸福指数的拉动弹性分别为 1. 719、0. 894、0. 334、3. 122（见表 7 – 24），2016—2017 年弹性最大，每一单位公共体育的发展会带来 3. 122 单位的幸福感，2013—2017 年弹性均值为 0. 414。

表 7 – 24　　　2013—2017 年连云港市公共体育服务指数对民生幸福指数的拉动分析

指标	2013—2014 年	2014—2015 年	2015—2016 年	2016—2017 年	均值
公共体育服务指数增长率	0. 154	– 0. 136	0. 027	0. 037	0. 020
民生幸福指数增长率	0. 265	– 0. 124	0. 009	– 0. 118	0. 008
拉动弹性	1. 719	0. 894	0. 334	3. 122	0. 414

三、淮安民生幸福指数拉动弹性分析

从淮安市民生幸福指数来看，2013—2017 年淮安市一直处于江苏的中下游水平。从表 7 – 25 中我们可以看到，在 2013—2017 年淮安市民生幸福指标标准化数值中，人均公共体育绿地面积、义务教育普及率、每千人医生护士数、每万人医院数、3A级以上体育社团个数、年开展群众体育活动次数等指标相对于其他指标来说属于优势指标，可见淮安市在公共体育和医疗相关领域上投入较高。城市污水处理率、工业废水排放达标量、工业二氧化硫去除量、城镇居民人均可支配收入、高校数、人均教育经费、人均公共体育服务经费、每万人拥有健身步道千米数、年承办体育赛事次数等指标，每年得分基本低于0.5，其中，农村居民人均可支配收入、高校数、人均公共体育场地面积、年开展体育健身讲座的次数、年体育产业总规模等多个指标，得分低于0.1，接近全省较低水平。

从每个指标的变化趋势来看，人均公共体育绿地面积、工业烟尘去除量等指标每年都在增长，五年增长率分别达到22.10%、173.22%，其中，工业烟尘去除量增长最为迅速；每千人拥有病床数、人均公共体育服务经费、每万人拥有晨晚练健身站点数量等指标每年都在下降，五年下降率分别为−3.85%、−9.42%、−83.55%，其中，每万人拥有晨晚练健身站点数量下降最为迅速。

从单个年份来看，2014年增长最快的指标是失业率，为426.32%，下降最快的指标是城乡社区体育公园覆盖率，为−100%；2015年增长最快的指标是年承办体育赛事次数，为200.78%，下降最快的指标是每万人拥有晨晚练健身站点数量，为−46.14%；2016年增长最快的指标是人均教育经费，为207.41%，下降最快的指标是失业率，为−45.20%；2017年增长最快的指标是每万人拥有社会体育指导员数量，为230.43%，下降最快的指标是城乡社区体育公园覆盖率，为−97.78%。

表7-25　　　2013—2017年淮安市民生幸福指标标准化数值

指标	2013 年	2014 年	2015 年	2016 年	2017 年
人均公共体育绿地面积	0.819	1.000	1.000	1.000	1.000
城市污水处理率	0.161	0.000	0.000	0.000	0.000
城市垃圾无害化处理率	0.000	0.000	0.670	1.000	1.000
人均居住面积	0.466	0.724	0.728	0.765	0.742

指标	2013 年	2014 年	2015 年	2016 年	2017 年
人均城市道路面积	0.516	0.000	0.459	0.508	0.097
工业烟尘去除量	0.366	0.367	0.434	0.672	1.000
工业废水排放达标量	0.150	0.136	0.107	0.149	0.122
工业二氧化硫去除量	0.249	0.210	0.241	0.211	0.251
城镇居民人均可支配收入	0.201	0.095	0.097	0.093	0.096
农村居民人均可支配收入	0.049	0.026	0.000	0.030	0.082
失业率	0.095	0.500	1.000	0.548	0.966
高校数	0.035	0.036	0.037	0.037	0.037
高等学校在校学生	0.029	0.018	0.032	0.030	0.032
义务教育普及率	1.000	1.000	1.000	1.000	1.000
人均教育经费	0.121	0.000	0.027	0.083	0.140
普通高等院校专任教师数	0.022	0.027	0.019	0.031	0.030
普通中学数	0.378	0.390	0.395	0.429	0.449
小学数	0.523	0.506	0.506	0.415	0.348
每千人医生护士数	0.644	1.000	1.000	1.000	0.934
每万人医院数	1.000	1.000	1.000	1.000	1.000
每千人拥有病床数	0.441	0.433	0.426	0.425	0.424
当年政府体育民生实事项目数	0.000	0.000	0.000	0.000	0.000
人均公共体育服务经费	0.138	0.136	0.142	0.128	0.125
3A 级以上体育社团个数	1.000	1.000	1.000	1.000	1.000
人均公共体育场地面积	0.000	0.000	0.000	0.000	0.000
城乡社区体育公园覆盖率	0.682	0.000	0.818	0.811	0.018
每万人拥有健身步道千米数	0.115	0.000	0.000	0.000	0.000
每万人拥有晨晚练健身站点数量	0.529	0.609	0.328	0.221	0.087
每万人拥有社会体育指导员数量	0.000	0.000	0.000	0.069	0.228
年开展体育健身讲座的次数	0.000	0.000	0.000	0.000	0.001
年开展群众体育活动次数	1.000	1.000	1.000	1.000	1.000
年承办体育赛事次数	0.294	0.128	0.385	0.291	0.176
年体育产业总规模	0.000	0.000	0.000	0.000	0.000

从 2013—2017 年淮安市民生幸福指数（见表 7 - 26）和 2013—2017 年淮安市民生幸福曲线（见图 7 - 9）可以看出，淮安市民生幸福指数呈现出先缓慢递减再增长再缓慢递减的趋势，最高值为 2015 年的 0.358，最低值为 2014 年的 0.293，2014—2017 年年均增长率分别为 - 6.09%、22.18%、- 4.47%、- 4.09%，总体增长率为 7.53%，增长幅度较小。

表 7 - 26　　　　　　　　2013—2017 年淮安市民生幸福指数

年份	2013	2014	2015	2016	2017
民生幸福指数	0.312	0.293	0.358	0.342	0.328

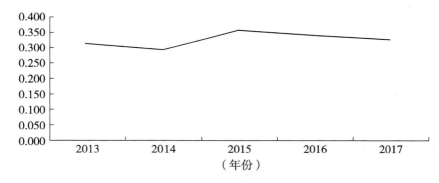

图 7 - 9　2013—2017 年淮安市民生幸福曲线

2013—2017 年淮安市公共体育服务指数对民生幸福指数的拉动弹性分别为 0.216、0.661、0.602、0.125（见表 2 - 27），2014—2015 年弹性最大，每一单位公共体育服务的发展会带来 0.661 单位的幸福感，2013—2017 年弹性均值为 0.218。

表 7 - 27　　　2013—2017 年淮安市公共体育服务指数对民生幸福指数的拉动分析

指标	2013—2014 年	2014—2015 年	2015—2016 年	2016—2017 年	均值
公共体育服务指数增长率	- 0.272	0.332	- 0.073	- 0.336	- 0.087
民生幸福指数增长率	- 0.061	0.222	- 0.045	- 0.041	0.019
拉动弹性	0.216	0.661	0.602	0.125	0.218

四、盐城、连云港和淮安民生幸福指数拉动弹性比较分析

从总体上来看，盐城民生幸福排名在苏北地区靠前，淮安居中，连云港排名靠后。2013—2017 年五年盐城与连云港的民生幸福指数差值为 0.121、0.137、0.182、0.191、0.168，除 2017 年差距有所缩小以外，其差距总体上呈现递增趋势。这五年盐城与淮安的幸福差值分别为 0.013、0.102、0.050、0.077、0.041，除 2014 年差距有所扩大以外，其他年份差距较小，但差距仍波动上升。

从细分指标上来看，盐城在收入和教育等领域的相关指标得分比连云港和淮安要高，例如，农村居民人均可支配收入这一指标，盐城五年均值为 0.245，而连云港只有 0.007、淮安只有 0.037；普通中学数这一指标，盐城五年均值为 0.949，而连云港为 0.362、淮安只有 0.408。连云港在城市垃圾处理指标上得分比盐城和淮安高，例如，连云港五年城市污水处理率均值为 0.647，而盐城只有 0.239、淮安只有 0.032。但淮安在体育社会组织建设方面得分比盐城和连云港高，例如，淮安五年 3A 级以上体育社团个数均值为 1.000，而盐城只有 0.497、连云港只有 0.222。

从整体上来看，盐城公共体育服务指数对于民生幸福指数的拉动水平要高于连云港和淮安（盐城五年的弹性均值为 0.590，而连云港为 0.414、淮安为 0.218）。可见，淮安、盐城和连云港三市公共体育服务指数对民生幸福指数的拉动是正向的（淮安弹性最高为 0.661，盐城弹性最高为 2.316，连云港弹性最高为 3.122）。

第八章 公共体育服务指数对民生幸福指数的拉动分析

公共体育服务体系建设需要聚焦全民健身国家战略和体育强国建设纲要，秉承以人民为中心的发展理念，以实施全民健身"六个身边"工程为抓手，以体育产业发展为动力。江苏全省建成公共体育服务体系示范区，为民生幸福提供了坚实保障。本章以江苏省为例，对城市民生幸福指数进行了计算，以期从理论和实践发展层面对公共体育服务与民生幸福的拉动效应进行验证和分析。

第一节 江苏省民生幸福指数拉动分析

一、江苏省民生幸福指数发展分析

依据第七章的 9 个代表城市民生幸福指数，我们定义江苏省民生幸福指数计算公式为：

$$f = \frac{1}{9} \sum_{i=1}^{9} f(i)$$

即选择样本中 9 个城市的民生幸福指数的均值作为江苏省民生幸福指数。

江苏省民生幸福指数变化趋势如图 8 – 1 所示，从整体上来看，江苏省民生幸福发展趋势表现为：上升—略微下降—上升—急剧下降；2013—2014 年，上升幅度较小，2014—2015 年，呈现平缓下降趋势，下降幅度较小，2015—2016 年，呈上升趋势，上升幅度较大，2016—2017 年又陡然下降，甚至降低

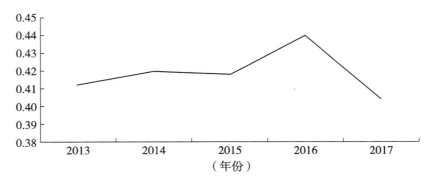

图 8 - 1　江苏省民生幸福指数变化趋势

至 2013 年的民生幸福水平以下。

二、江苏省民生幸福指数拉动分析

从江苏省公共体育服务指数对民生幸福指数的拉动弹性来看（见表 8 - 1），2014—2015 年弹性略微下降，其余年份拉动弹性一直处于上升趋势；2016—2017 年弹性高达 3.097，说明公共体育服务指数对民生幸福指数的拉动是正向的，即公共体育服务水平越高人民越幸福。弹性逐年上升的趋势反映出地区对公共体育服务体系建设越来越重视。

表 8 - 1　　　江苏省公共体育服务指数对民生幸福指数的拉动分析

指标	2013—2014 年	2014—2015 年	2015—2016 年	2016—2017 年
公共体育服务指数增长率	- 2.45%	1.5097%	3.6476%	2.638%
民生幸福指数增长率	1.756%	- 0.341%	5.2032%	- 8.171%
拉动弹性	0.717	0.226	1.427	3.097

第二节　江苏部分城市的民生幸福指数变化分析

一、九个代表城市民生幸福指数比较分析

从各市民生幸福指数对全省民生幸福指数的贡献率来看，2013 年苏州和南京的贡献率最高，并且两市民生幸福指数遥遥领先于其他市，分别为

0.653、0.598；无锡、常州属于中等偏上水平，分别为0.481、0.481；盐城、镇江、淮安、扬州民生幸福水平为中等水平，民生幸福指数分别为0.325、0.339、0.312、0.316。连云港民生幸福指数较低，为0.204；从2013—2017年的发展结果来看，九个代表城市的民生幸福指数总体呈现上升趋势，但上升幅度普遍较小，其中，苏州的民生幸福指数上升幅度最大，淮安上升幅度最小。江苏省不同城市间民生幸福指数差距较大。2013—2017年九个代表城市民生幸福指数比较如图8-2所示。

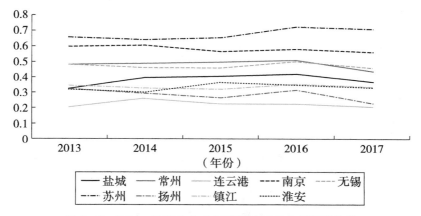

图8-2　2013—2017年九个代表城市民生幸福指数比较

九个代表城市民生幸福指数的5年均值如图8-3所示，从中可以看出，九个代表城市之间的民生幸福指数差距较大，其中，苏州的民生幸福指数均值最高，南京紧随其后。连云港的民生幸福指数均值最低。苏南、苏中、苏北地区的民生幸福差距明显，苏南地区的民生幸福远远高于苏北地区，表现

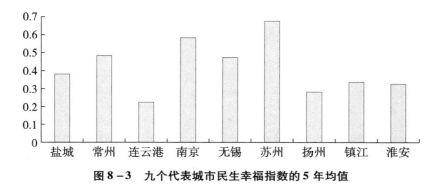

图8-3　九个代表城市民生幸福指数的5年均值

出明显的区域不均衡特征。

二、九个代表城市民生幸福指数拉动分析

2014—2017 年九个代表城市拉动系数的比较如图 8-4 所示，从中可以看出，公共体育服务指数对民生幸福指数具有拉动作用，且九个代表城市 2014—2016 年公共体育服务指数对民生幸福指数拉动差距不大；但在 2017 年，无锡和常州的拉动系数急剧上升。这与市民对于公共体育服务和民生幸福的认知增强相关。

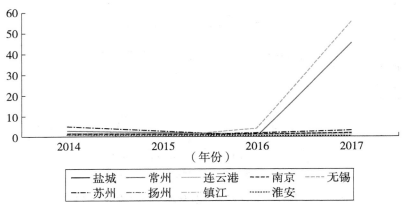

图 8-4　2014—2017 年九个代表城市拉动系数的比较

5 年间九个代表城市拉动系数均值如图 8-5 所示，从中可以看出，九个代表城市拉动系数均值差距明显。无锡和常州五年的拉动系数均值最高；镇江和淮安五年的拉动系数均值最低。

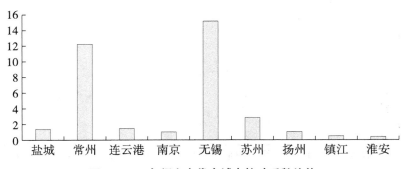

图 8-5　5 年间九个代表城市拉动系数均值

第九章　研究结论与对策建议

公共体育对民生幸福水平的提升有积极的促进作用，全民健身与民生幸福相关，全民健身可以增强人民的心理素质，提升幸福感。

通过对公共体育幸福指标体系进行研究，本书提出了公共体育服务等考核指标。实证研究发现，江苏省虽然全省公共体育幸福水平显著提升，但是，苏南、苏中和苏北地区公共体育幸福指数状况不均衡，对此本文依据研究结论提出了改进的对策建议。

第一节　民生幸福指数的研究结论

一、幸福及民生幸福指数的基本界定

（一）幸福概念界定

国内外对于幸福概念的界定主要基于伦理学和经济学，因此，在对幸福概念进行定义时，往往出现收入、乐观、善良、爱学习、好奇心等词语。国内对于幸福概念的研究大多借鉴了国外的研究，同时也结合了一些我国的国情。具有不同文化背景的学者对幸福内涵的理解不同，但是国内外学者都认为幸福感是人们对客观世界的主观感受。幸福是人们对其客观生活环境和公共体育服务是否满意的主观心理体验和心理状态，是一个人获得感和满足感的体现。

幸福组成的研究可以分成两类，即客观幸福研究和主观幸福研究。客观幸福研究以定量研究为主，建立指标的目的是希望它像 SQ 量表一样具有可操作性。客观幸福的维度通常是由经济发展水平、人口与就业结构、人民生活水平和生活环境水平 4 个指标构成的。主观幸福是相对于客观幸福而言的，主观幸福是个体自身对于生活质量的总体评价，这种评价包括认知和情感两个方面。主观幸福指标体系包括知足充裕体验、心理健康体验、成长发展体验、社会信心体验、目标价值体验、自我接受体验、人际适应体验、身体健康体验、心态平衡体验、家庭氛围体验 10 项次级指标。

幸福可以分为宏观层次的幸福和微观层次的幸福。宏观层次的幸福研究是站在国家的角度，为全国人民着想，它涉及社会健康指数、社会福利指数、社会文明指数和生态环境指数等 28 个指标。微观层次的幸福研究是指一个单位、一个企业或一个行业等进行的幸福研究。

国外的研究者在研究幸福时，主要集中在收入、人格、年龄、婚姻、社会资本等因素与幸福的关系上。

国内对于幸福的研究主要受经济学领域的幸福研究影响，其指标构建主要以经济因素为主要影响因素。本书强调公共体育服务对于幸福感指标构建的影响很大，民生幸福指标构建包括经济、心理和体育服务 3 大方面。

（二）民生幸福概念界定

我国学者对民生幸福的研究进程划分为 3 个阶段：第一阶段，2001—2004 年，民生幸福的概念被提出，幸福研究从个体观察上升到总体评价，即提出个体度量—总体测度—综合指数的分析思想的阶段；第二阶段，2005—2006 年，民生幸福统计研究受到重视；第三阶段，2007 年至今，民生幸福成为统计研究热点。随着我国经济社会的快速发展，民生幸福问题相关的统计研究逐渐深入，全国多个地区和城市的统计部门先后提出了适合本地实情的幸福指标评价体系。

国外对民生幸福的权威测量方法主要是卡尼曼等人提出的日重现法，另外，有学者归纳了民生幸福计算公式：民生幸福 = 满足/欲望，即幸福与满足成正比，与欲望成反比。由此可见，实现民生幸福的两条途径便是满足需求和抑制欲望。

近些年国内对民生幸福测量的研究也层出不穷。目前，构建民生幸福主要有两种方式。一是基尼系数调整法：民生幸福 = 收入增长率/（基尼系数 × 失业率 × 通货膨胀率）。二是影响因子计算法，例如，民生幸福 = 生产总值指数 × $a\%$ + 社会健康指数 × $b\%$ + 社会福利指数 × $c\%$ + 社会文明指数 × $d\%$ + 生态环境指数 × $e\%$，其中，$a\%$、$b\%$、$c\%$、$d\%$、$e\%$ 分别代表各指数的权重。

（三）公共体育服务与民生幸福

全民健身与民生幸福相关，全民健身可以增强人们的心理素质，提升幸福感。体育设施是公共体育服务体系建设的基础，体育设施能够满足不同群众的健身需求，增强群众体质，提高群众幸福感，国内外许多学者探讨了体育设施与幸福的关系。

公共体育对民生幸福提升有积极作用，主要表现在以下方面：提升民众的富裕感，提高民众对社会的认同感和公平感，提升民众的愉悦感，激发民众的自豪感，提升健康指数。公共体育活动的开展离不开大众体育场所和体育设施，大众体育基础设施建设不同于竞技体育设施建设，主要包括社区体育中心的体育设施建设和户外体育休闲基础设施建设。大众体育设施的完善对于满足大众户外体育休闲需求至关重要，是提升民众生活质量的重要依据。

民族传统体育对提高民生幸福有着积极的、不可替代的作用，具体表现为：体育锻炼促进国民身体健康，提高民众幸福感；体育活动规则有利于培养国民规则意识，提高民众对社会的认同感、公平感；体育活动用品的消费有利于促进社会的经济发展，提升民众的富裕感；传统体育竞技的观赏性可提升民众的愉悦感；参与体育活动则有利于人际关系的和谐。

国内外学者研究发现，体育锻炼可以调整人的身体状况和心理状态，使个体在生活和工作中表现得更加积极乐观，更容易对自己的发展充满信心，从而提升主观幸福感。

二、民生幸福研究维度及模型

本书研究公共体育服务对民生幸福的影响，因此本书定义的幸福包含了较多体育方面的因素，指标设计时在人居环境、生活质量、教育发展、卫生健康等要素的基础上增加了公共体育服务。民生幸福是在构建幸福指标体系的基础上，对各指标进行加权平均计算的结果，是对幸福感的一种量化。

根据文献总结和实地调研情况，本书在一般幸福指标体系的基础上增加了公共体育服务，形成了人居环境、生活质量、教育发展、卫生健康和公共体育服务5个一级指标33个二级指标的幸福指标体系，即人居环境（人均公共体育绿地面积、城市污水处理率、城市垃圾无害化处理率、人均居住面积、人均城市道路面积、工业烟尘去除量、工业废水排放达标量、工业二氧化硫去除量）；生活质量（城镇居民人均可支配收入、农村居民人均可支配收入、失业率）；教育发展（高校数、高等学校在校学生、义务教育普及率、人均教育经费、普通高等院校专任教师数、普通中学数、小学数）；卫生健康（每千人医生护士数、每万人医院数、每千人拥有病床数）；公共体育服务（当年政府体育民生实事项目数、人均公共体育服务经费、3A级以上体育社团个数、人均公共体育场地面积、城乡社区体育公园覆盖率、每万人拥有健身步道千米数、每万人拥有晨晚练健身站点数量、每万人拥有社会体育指导员数量、年开展体育健身讲座的次数、年开展群众体育活动次数、年承办体育赛事次数、年体育产业总规模）。

民生幸福指数是各构成要素的加权平均。采用加权和模糊隶属度函数法构建民生幸福评价模型，需要解决两个关键问题：一是如何科学地确定各指标的权重，二是如何科学地进行指标的无量纲处理（利用原始判断矩阵及其权重向量求一致性矩阵，然后计算指标权重对总目标层权重）。详细计算过程见第五章第二节。

三、江苏省公共体育服务指数对民生幸福指数拉动结论

（一）江苏省公共体育服务指数对民生幸福指数具有拉动作用

全民健身、全民健康已经成为幸福的基石和资本。2014—2017年，江苏省率先创建省级公共体育服务体系示范区，公共体育服务作为社会基本公共服务的重要组成部分，已成为幸福的助推器。为了验证理论上公共体育服务

对幸福的作用机制，从实践上证实公共体育服务对城市经济和幸福发展的促进作用，课题组建立了幸福指标体系和公共体育服务指标体系，并对公共体育服务与民生幸福之间的弹性系数进行了计算。

江苏省幸福指标体系由人居环境、生活质量、教育发展、卫生健康和公共体育服务 5 个一级指标 33 个二级指标构成。各大指标之间相互联系、相互依赖、相互制约、相互作用，进而构成了民生幸福的综合分析。本文分别对样本城市进行了公共体育服务指数、民生幸福指数及两者弹性系数的测算。从全省的公共体育服务指数对民生幸福指数的弹性系数来看，2014—2015 年弹性系数略微下降，其余年份的弹性系数一直处于增长趋势，2016—2017 年弹性系数高达 3.097，表明公共体育服务水平的持续提升对民生幸福具有正向的拉动作用，即公共体育服务水平越高人民越幸福。

（二）江苏省公共体育服务与民生幸福呈地域不均衡特征

本书采用 12 个公共体育服务指标来测算南京、苏州、无锡、常州、镇江、扬州、淮安、连云港、盐城的公共体育服务指数，对九个城市的人均公共体育服务经费、人均公共体育场地面积、城乡社区体育公园覆盖率、每万人拥有健身步道千米数以及年体育产业总规模等指标进行了测算。2013—2017 年，苏南地区公共体育服务指数居领先地位，均值为 0.431，五年间总体呈现稳步发展态势；苏北地区公共体育服务指数属于中等水平，均值为 0.336；而苏中地区受样本量选择等多重因素影响，公共体育服务指数相对较低。九个城市近五年的民生幸福指数存在显著差异，其中苏州最高，达 0.677，南京紧随其后，连云港最低，仅为 0.223。

2014—2016 年，九个城市公共体育服务指数对民生幸福指数拉动的作用差异较小，但 2017 年无锡和常州的拉动系数较高，公共体育服务指数对民生幸福指数的拉动作用突然上升。

2018 年，江苏全省基本公共服务水平调查结果显示，全省百姓对于基本公共文化和体育服务的满意度综合得分为 81.4 分，在 11 大体系中位居第一，达到比较满意状态。这说明江苏省基本公共体育服务体系建设有序推进，人民群众的获得感有所提升，13 个市区中，无锡的基本公共服务满意度得分最高，达到 83.9 分。此外，宿迁、南通、苏州、常州等市满意度也较高。

（三）江苏省公共体育核心要素投入与民生幸福密切相关

从对城市样本的分析测算中可以发现，南京的民生幸福指数尽管位居前列，但是受人均公共体育绿地面积、人均公共体育场地面积、城乡社区体育公园覆盖率、每万人拥有健身步道千米数、每万人拥有晨晚练健身站点数量等指标影响，民生幸福指数呈现波动下行趋势。从中可见，南京作为省会级城市，主城区在公共绿地拓展、公共体育用地开发等方面受到多重因素掣肘，尽管投入巨大，但是在一定程度上仍然滞后于城市人口增长速度和规模。

苏州的民生幸福指数在所调查的样本城市中位居第一，城乡社区体育公园覆盖率等指标在指数模型中权重较大，而且总体呈上升趋势，苏州市民生幸福指数持续领先。

无锡的年开展群众体育活动次数、年承办体育赛事次数、年体育产业总规模等指标总体呈增长趋势，其中，年承办体育赛事次数指标增长最为迅速；与此同时，人均公共体育场地面积、人均教育经费、3A 级以上体育社团个数、万人拥有社会体育指导员数量等指标总体呈下降趋势。无锡的民生幸福指数尽管较高，但是与南京、苏州两地存在差距。

常州人均公共体育绿地面积、人均公共体育场地面积、每万人拥有社会体育指导员数量、年开展群众体育活动次数等指标总体呈递增趋势，但是城乡社区体育公园覆盖率、每万人拥有健身步道千米数等指标值总体呈下降趋势，导致常州市民生幸福指数下降。常州地处苏南地区，经济较为发达，但大量外来务工人员的涌入导致多项资源的人均占有率较低。

镇江人均公共体育场地面积、年体育产业总规模等指标总体呈递增趋势，其中，年体育产业总规模增长较为迅速；人均公共体育绿地面积、城乡社区体育公园覆盖率等指标总体呈现递减趋势；镇江在人均居住面积、工业二氧化硫去除量等方面处于领先位置。注重环保和居住环境的提升，人口压力较小，但人均教育经费、普通中学数、小学数、每千人医生护士数、当年政府体育民生实事项目数、年开展群众体育活动次数、年承办体育赛事次数等指标则处于末位，直接影响了镇江民生幸福的提升。

就苏中地区的分析结果来看，扬州在城乡社区体育公园覆盖率、每万人拥有晨晚练健身站点数量两个指标上相对占优势，但是年承办体育赛事次数指标呈现下降趋势，年开展群众体育活动次数指标则一直处于较低水平。除公共体育服务等组成要素之外，还受城镇居民人均可支配收入、农村居民人均可支配收入、高校数、人均教育经费等指标影响，扬州的民生幸福指数在江苏并未处于领先位置。

盐城城乡社区体育公园覆盖率、每万人拥有健身步道千米数、年开展体育健身讲座的次数、年开展群众体育活动次数、年承办体育赛事次数等指标五年来总体呈增长趋势，其中，年承办体育赛事次数增长最为迅速，充分说明了当地政府对公共体育服务体系建设的重视程度。但是，人均公共体育场地面积受人口增长、用地指标等多重因素影响，该指标表现为下降趋势。此外，盐城在教育发展和生态环境方面的投入相较于江苏其他市区较低，这在一定程度上影响了盐城民生幸福的提升。

连云港的每万人拥有晨晚练健身站点数量、每万人拥有社会体育指导员数量等指标相对于其他指标来说占优势，但是人均公共体育绿地面积、人均居住面积、工业废水排放达标量、城镇居民人均可支配收入、高校数、每千人拥有病床数、人均公共体育服务经费、城乡社区体育公园覆盖率、年承办体育赛事次数等多个指标得分接近全省最低水平。受社会经济等因素影响，连云港在公共服务投入方面仍然滞后于江苏平均发展水平，明显影响了体育幸福的提升。

从样本城市体育幸福的影响因素来看，人均公共体育场地面积、城乡社区体育公园覆盖率、每万人拥有健身步道千米数、当年政府体育民生实事项目数等指标成为公共体育服务体系建设的核心要素。民生幸福的提升，仍然离不开公共体育服务的核心要素投入。

第二节　提升民生幸福的对策建议

一、将公共体育纳入民生幸福建设体系内容

2011 年江苏省发布《中共江苏省委江苏省人民政府关于大力推进民生幸

福工程的意见》（以下简称《意见》），促使居民物质文化生活水平显著提升，人民生活更加幸福、更有尊严。该《意见》提出："统筹推进其他民生事业发展。在重点做好教育、就业、医疗卫生、社会保障等民生工作的同时，统筹推进公共文化、交通服务、人口计生、生态文明、社会管理等民生事业发展。加快公共文化服务体系建设，实现公共博物馆、纪念馆、美术馆、文化馆、图书馆、青少年宫和基层公共体育设施免费开放，打造城市'15分钟文化圈'和'10分钟体育健身圈'，活跃群众文化生活和全民健身活动，全面提升群众文明素养和身体素质。"从《意见》中可知，在"十二五"期间，公共体育服务体系尚未成为幸福工程的组成内容。与公共体育服务相关的仅有"10分钟体育健身圈"和基层公共体育设施免费开放两点内容。"十三五"期间，江苏已经在全国率先完成省级公共体育服务体系示范区的建设，在设施建设、赛事活动、组织发展、健身指导、体育产业、体育文化等方面均居于全国领先水平。

本研究证明，公共体育服务与民生幸福正相关，建议将公共体育服务纳入江苏幸福建设体系，切实保障人均公共体育经费投入，切实建好城乡体育公园、健身步道等群众身边的体育设施，提升3A级以上体育社团数量，办好群众身边的体育赛事和活动，并将公共体育服务内容纳入年度政府民生实施项目，让全民健身、公共体育服务成为"健康江苏"的延伸和补充，成为"幸福江苏"的应有之义。

二、推动公共体育服务从要素驱动转为效率驱动

从前文分析可知，人均公共体育场地面积、城乡社区体育公园覆盖率、每万人拥有健身步道千米数、当年政府体育民生实事项目数等指标是公共体育服务体系建设的核心要素。体育民生幸福的提升仍然与公共体育服务的核心要素投入息息相关。江苏公共体育服务的高质量发展仅靠要素驱动难以长久，需要向效率驱动转变，最终向创新驱动转变。创新驱动要依赖市场竞争和现代市场体系。在这个过程中，政府需要思考如何扮演公共服务型政府的角色，在体育制度安排、财政资金保障、设施建设等方面强链补链。

政府必须承担公共体育服务供给的责任，只是具体的服务工作可以由政

府提供，也可以借助他人的力量完成。因此，在实践中，需要严格区分"政府职责市场化"和"服务供给市场化"的差异。前者是将政府公共体育服务的分内职责推向市场，是"甩包袱式"地推卸责任；后者是将公共体育服务的供给推向市场，是在坚持基本责任的基础上扩大责任承担范围。政府即使不直接提供公共体育服务，也承担监管职责。

公共体育服务体系建设在整体统筹之外往往具体落实为公共体育服务项目。政府对提供部分公共体育服务项目并不擅长，如信息化的专业技术服务、运动康复保健、体育培训等，因此可以将此类公共体育服务项目交付给市场和社会组织。这就需要在实践中明确公共体育服务项目负面清单，在负面清单之外的服务项目均可以由市场和社会提供。特别是在基层公共体育服务体系建设中，政府、社会、市场三者的边界必须落实为具体的服务项目，市场化、社会化的内容是服务项目和服务内容而不是服务责任，项目和内容可以外包，但是责任不能外包，政府需要保留核心职责和监管责任。

三、缩小江苏省公共体育服务区域不均衡

以公共体育服务促进民生改善是通过"水平"和"公平"两条路径实现的。一方面，通过提升基本公共体育服务水平拉动民生；另一方面，通过推进基本公共体育服务均等化，践行民生公平。推进基本公共体育服务均等化，是尊重和保护公民基本权利、实现"程序公平"的有效手段，同时，基本公共体育服务均等化事关"机会公平"，缩小城乡、区域和不同社会群体之间基本公共体育服务的差距，有助于减轻分配失衡造成的消费不平等，有助于改善和促进民生。目前仍然存在城乡、区域和特殊群体的基本公共体育服务尚未得到充分保障的情况，推进基本公共体育服务均等化的任务是实现区域均衡、城乡均衡和群体均衡。为此，必须既注重整体水平的提升，又注重区域、群体及项目差距的缩小。在扩大覆盖广度的基础上，逐步提升服务质量，保障底线公平，承认不同地区、城乡、群体的需求偏好，提升公共资源利用效率，推动公平与效率共同进步，实现发展速度与发展质量的有效统一。

四、着力增强江苏省公共体育服务能力

一是突出重点，扩大供给。坚持量力而行、尽力而为，努力增加投入，通过利用现有体育设施，优化资源配置等方式，有效扩大公共体育服务供给规模，加快实现基本公共体育服务的全覆盖。在此基础上，逐步将公共服务能力建设的重点转移到提升服务质量、服务水平和服务效率上来。

二是统筹资源，强化基层。坚持打造优质均衡的公共体育服务体系，破除区域、城乡、人群发展壁垒，加强科学规划与统筹协调，加强资源整合和制度对接，加大公共体育资源向欠发达地区和特殊群体的倾斜力度，促进城乡和不同地区人民群众享有公共体育服务的权利平等与机会均等。

三是政府主责，多方合作。牢牢把握基本公共体育服务的公益性质，确立政府在公共体育服务方面的主体责任，强化规划、投入、监管以及政策支持等职责。创新公共体育服务供给模式，通过购买服务、财政补助等形式鼓励和引导社会力量参与公共体育服务供给，促进形成多元参与的格局。

四是完善制度，改革增效。推进政府公共体育服务均等化、标准化，促进制度更加规范定型。加快推动社会发展与管理的体制机制改革，完善财政保障、管理运行和监督问责机制，加强人才队伍建设，不断优化公共体育服务环境，提高公共体育服务效率和发展活力。

五、继续完善公共体育服务保障体系

公共体育服务保障体系应具备以下内容。

一是专项财政保障制度。在公共体育服务体系建设中，事权财权不匹配的问题比较突出。建议制定专项政策，将公共体育服务经费纳入地方财政年度预算，确保财政公共文化、体育与传媒支出达到国家规定标准。同时，设立相应的专项资金，出台基层公共体育服务人员、场地设施运行相关政策，保障基层体育设施的日常管理、维护和使用经费，同时，努力争取通过税收优惠等政策吸引社会资金，扩大融资渠道。

二是土地空间保障政策。将公共体育设施建设用地纳入地方土地利用总体规划。在积极推动土地资源节约集约和高效利用的前提下，切实保障公共

体育事业用地，优先安排全民健身路径和休闲体育广场、体育公园的用地计划指标。

三是实施基层人才队伍保障政策。根据基层公共体育服务机构所承担的职能、任务及所服务的人群规模，合理配置公共体育服务人员，制定实施基层体育人才队伍建设指导意见，完善机构编制、学习培训、待遇保障等方面的政策措施；推动设立街道社区公共体育服务岗位；转变资源配置方式，在基层体育单位实行雇员制，同时创新用人模式，通过体育协管员、志愿者、劳务派遣等多种形式和渠道，不断充实基层公共体育服务队伍，调动社会力量参与公共体育服务体系建设。

参考文献

［1］ BERG B K, WARNER S, DAS B M. What about sport? A public health perspective on leisure-time physical activity ［J］. Sport Management Review, 2015, 18 (1): 20 – 31.

［2］ BURNS G W. Gross national happiness: A gift from Bhutan to the world ［J］//BISWAS-DIENER R. Positive Psychology as social change. Dordrecht: Springer, 2011.

［3］ CUNADO J, DE GRACIA F P. Environment and happiness: New evidence for Spain ［J］. Social Indicators Research, 2013, 112 (3): 549 – 567.

［4］ DE VILLIERS D. Concluding remarks ［J］. Journal of Sport and Tourism, 2003, 8 (2): 116 – 117.

［5］ DIENER E, CHAN M Y. Happy people live longer: Subjective well-being contributes to health and longevity ［J］. Applied Psychology: Health and Well-Being, 2011, 3 (1): 1 – 43.

［6］ DIENER E, DIENER M, DIENER C. Factors predicting the subjective well-being of nations ［J］. Journal of Personality and Social Psychology, 1995, 69 (5): 851 – 864.

［7］ DIENER E, SUH E, OISHI S. Recent findings on subjective well-being ［J］. Indian Journal of Clinical Psychology, 1997, 24 (1): 25 – 41.

［8］ EASTERLIN R A. Does economic growth improve the human lot? Some empirical evidence ［J］. Nations and Households in Economic Growth, 1974: 89 – 125.

［9］ EASTERLIN R A, MORGAN R, SWITEK M, et al. China's life satisfaction, 1990—2010 ［J］. Economic Sciences, 2012, 109 (25): 9775 – 9780.

［10］ FERRAZZI E, CARTEI G, MATTARAZZO R, et al. Oestrogen-like effect of tamoxifen on vaginal epithelium ［J］. British Medical Journal, 1977, 1: 1351 – 1352.

［11］ FERREIRA S, AKAY A, BRERETON F, et al. Life satisfaction and air quality in Europe ［J］. Ecological Economics, 2013, 88: 1 – 10.

［12］ HAGGARD S, KAUFMAN R R, LONG J D. Income, occupation, and preferences for redistribution in the developing world ［J］. Studies in Comparative International Development, 2013, 48 (2): 113 – 140.

［13］ HAXTON P. Community Involvement and the Olympic Games: A review of related research ［C］. 7th International Post Graduate Semina on Olympic Studies, Greece, 1999: 110 – 123.

［14］ HAYDEN R M, ALLEN G J, CAMAIONE D N. Some psychological benefits resulting from involvement in an aerobic fitness from the perspectives of participants and knowledgeable informants ［J］. Journal of Sports Medicine and Physical Fitness, 1986 (1): 67 – 76.

［15］ HELLIWELL J F, HUANG H. How's your government? International evidence linking good government and well-being ［J］. British Journal of Political Science, 2008, 38 (4): 595 – 619.

［16］ HELLIWELL J F, LAYARD R, SACHS J. World happiness report 2012 ［R］. New York: United Nations, 2012.

［17］ KAHNEMAN D, DEATON A. High income improves evaluation of life but not emotional well-being ［J］. Proceedings of the National Academy of Sciences of the United States of America, 2010, 107 (38): 16489 – 16493.

［18］ KAHNEMAN D, KRUEGER A B, SCHKADE D A, et al. A survey method for characterizing daily life experience: The day reconstruction method ［J］. Science, 2004, 306 (5702): 1776 – 1780.

［19］ KANAMORI S, YUKO Y, KONDO K, et al. Participation in sports organizations and the prevention of functional disability in older Japanese: The AGES cohort study [J]. PLoS ONE, 2012, 7 (11): 1 – 6.

[20] KIM H-I, CHALIP L. Capitalizing on a sport's association with an international destination: The illustrative example of tae kwon do [J]. Journal of Sport and Tourism, 2010, 15 (4): 307 – 335.

[21] LAYARD R, CLARK A, SENIK C. The causes of happiness and misery [R] //HELLIWELL J, LAYARD R, SACHS J. World happiness report 2012. New York: United Nations, 2012.

[22] LEVINSON A. Valuing public goods using happiness data: The case of air quality [J]. Journal of Public Economics, 2012, 96 (9 – 10): 869 – 880.

[23] LUECHINGER S, RASCHKY P A. Valuing flood disasters using the life satisfaction approach [J]. Journal of Public Economics, 2009, 93 (3 – 4): 620 – 633.

[24] MACKERRON G, MOURATO S. Life satisfaction and air quality in London [J]. Ecological Economics, 2009, 68 (5): 1441 – 1453.

[25] MENTZAKIS E, MORO M. The poor, the rich and the happy: Exploring the link between income and subjective well-being [J]. The Journal of Socio-Economics, 2009, 38 (1): 147 – 158.

[26] NEUGARTEN B L, HAVIGHURST R J, TOBIN S S. The measurement of life satisfaction [J]. Journal of Gerontology, 1961, 16 (2): 134 – 143.

[27] OISHI S, GRAHAM J, KESEBIR S, et al. Concepts of happiness across time and cultures [J]. Personality and Social Psychology Bulletin, 2013, 39 (5): 559 – 577.

[28] OTT J. Good governance and happiness in nations: Technical quality precedes democracy and quality beats size [J]. Journal of Happiness Studies, 2010, 11 (3): 353 – 368.

[29] PREUSS H. The impact and evaluation of major sporting events [M]. London: Routledge, 2008.

[30] RANIS G, STEWART F, SAMMAN E. Human development: Beyond the human development index [J]. Journal of Human Development, 2006, 7 (3):

323 - 358.

[31] REHDANZ K, MADDISON D. Local environmental quality and life-satisfaction in Germany [J]. Ecological Economics, 2008, 64 (4): 787 - 797.

[32] RITCHIE J R B, LYONS M. Olympulse VI: A post-event assessment of resident reaction to the XV olympic winter games [J]. Journal of Travel Research, 1990, 28 (3): 14 - 23.

[33] STEVENSON B, WOLFERS J. Subjective well-being and income: Is there any evidence of satiation? [J]. American Economic Review: Papers and Proceedings, 2013, 103 (3): 598 - 604.

[34] SUHAIL K, CHAUDHRY H R. Predictors of subjective well-being in an eastern Muslim culture [J]. Journal of Social and Clinical Psychology, 2004, 23 (3): 359 - 376.

[35] TASHI K P, PRAKKE D, CHETTRI S. Gross national happiness: Concepts for the debate [R]//KINGA S, GALAY K, RAPTEN P, et al. Gross national happiness: A set of discussion papers. Bhutan: Kuensel, 1999.

[36] THINLEY L J. Gross national happiness and human development - searching for common ground [R]//KINGA S, GALAY K, RAPTEN P, et al. Gross national happiness: A set of discussion papers. Bhutan: Kuensel, 1999.

[37] VAN PRAAG B M S, BAARSMA B E. Using happiness surveys to value intangibles: The case of airport noise [J]. The Economic Journal, 2005, 115 (500): 224 - 246.

[38] VEENHOVEN R. Developments in satisfaction research [J]. Social Indicators Research, 1996, 37 (1): 1 - 46.

[39] VEENHOVEN R. Questions on happiness: Classical topics, modern answers, blind spots [J]//STRACK F, ARGYLE M, SCHWARZ N. Subjective well-being: An interdisciplinary perspective. Oxford: Pergamon Press, 1991.

[40] WELSCH H. Environment and happiness: Valuation of air pollution using life satisfaction data [J]. Ecological Economics, 2006, 58 (4): 801 - 813.

[41] WELSCH H. Preferences over prospertiy and pollution: Environmental

valuation based on happiness surveys [J]. Kyklos, 2002, 55 (4): 473 - 494.

[42] WONG M M, CSIKSZENTMIHALYI M. Motivation and academic achievement: The effects of personality traits and the duality of experience [J]. Journal of Personality, 1991, 59 (3): 539 - 574.

[43] 艾俊. 西方国家培养体育志愿者的概况及启示 [J]. 体育学刊, 2005, 12 (2): 130 - 133.

[44] 安尼尔斯基. 幸福经济学: 创造真实财富 [M]. 林琼, 等译. 北京: 社会科学文献出版社, 2010.

[45] 白晓洁. 杭州马拉松赛事文化与城市居民幸福指数的关系研究——以杭州马拉松为例 [D]. 杭州: 杭州师范大学, 2017.

[46] 曹琛. 中外休闲体育产业比较研究 [D]. 北京: 首都经济贸易大学, 2005.

[47] 朝克, 何浩, 李佳钰. 国民幸福指数评价体系构建及实证 [J]. 统计与决策, 2016 (4): 91 - 94.

[48] 陈刚, 乔均. 南京市物流指数研究报告 (2009年) [M]. 北京: 中国物资出版社, 2010.

[49] 陈惠雄, 刘国珍. 快乐指数研究概述 [J]. 财经论丛 (浙江财经学院学报), 2005 (3): 29 - 36.

[50] 陈家起, 孙蓬飞, 张欣欣. 2014年青奥会对南京市民生活满意度的影响研究 [J]. 武汉体育学院学报, 2013, 47 (1): 19 - 22.

[51] 陈颀. 中国体育事业财政投入与经济增长关系的实证研究——基于1977—2010年的时间序列数据分析 [J]. 武汉体育学院学报, 2012, 46 (5): 34 - 39.

[52] 陈思洁. 沈阳居民幸福感及影响因素统计分析 [D]. 沈阳: 辽宁大学, 2017.

[53] 陈维亮. 新型城镇化过程中体育文化建设的思考 [J]. 内江科技, 2012, 33 (11): 30.

[54] 陈艳丽. 国民幸福与幸福指数论析 [J]. 宝鸡文理学院学报 (社会科学版), 2013, 33 (1): 19 - 24.

［55］成功，于永慧．体育赛事与城市发展：以广州亚运会为例的一项实证研究［J］．体育与科学，2013，34（4）：33－38，53.

［56］程根银，陈绍杰，魏志勇，等．井下噪声对人心理生理影响分析［J］．西安科技大学学报，2011，31（6）：850－853.

［57］程国栋，徐中民，徐进祥．建立中国国民幸福生活核算体系的构想［J］．地理学报，2005，60（6）：883－893.

［58］程继隆．社会学大辞典［M］．北京：中国人事出版社，1995.

［59］戴俭慧．国外体育指导员资格认证制度的启示［J］．体育学刊，2008（5）：33－36.

［60］戴俭慧，刘小平，罗时铭，等．英、美、德三国体育指导员制度及启示［J］．上海体育学院学报，2003，27（4）：26－31.

［61］邓毅明，王凯珍．大众体育孕育和发展的生态观——基于美国加利福尼亚州的参与式调查分析思考［J］．体育文化导刊，2005（7）：52－55.

［62］董波．体育保健理论与实践研究［J］．当代教育实践与教学研究，2017（1）：162.

［63］董新光，曹彧，徐焕新．论社会体育与环境［J］．天津体育学院学报，2003，18（4）：51－53.

［64］范弘雨．幸福指数涵义的二重性辨析［J］．宁夏师范学院学报（社会科学版），2010，31（1）：148－151.

［65］方轻．2010年厦门市处级干部幸福指数调查报告［J］．改革与开放，2011（2）：128－129.

［66］高梦锦．山西省社区体育文化建设与居民主观幸福感关系研究［J］．高教学刊，2015（13）：26－27.

［67］公共经济研究会"中国幸福城市评价体系"课题组，韩康．构建"中国幸福城市评价体系"——"大多数人幸福"的城市发展指标体系［J］．经济研究参考，2012（55）：23－40.

［68］龚一萍．三种幸福形态的比较与中国式幸福的构建［J］．湖北社会科学，2015（8）：42－49.

［69］顾伟民．农民体育健身工程实效性建设提升农民幸福指数的实证分

析［J］．体育与科学，2011，32（1）：60－63，68．

［70］关正春，刘晓盼．承办大型体育赛事对城市发展的影响［J］．理论界，2007（10）：122－123．

［71］何艳芳，李颖媛．保健与康复处方对高校体育康复课学生心理的影响［J］．体育学刊，2003，10（1）：90－92．

［72］贺子芩．体育锻炼对主观幸福感的影响效应：心理弹性的中介作用——以西安市高校中年教师为例［D］．西安：西安体育学院，2014．

［73］候建斌，张朋．高校体育设施资源社会休闲服务对策研究［J］．运动，2013（20）：99－100．

［74］胡洪曙，鲁元平．公共支出与农民主观幸福感——基于 CGSS 数据的实证分析［J］．财贸经济，2012（10）：23－33，122．

［75］黄海燕，高含颀，王湘涵，等．体育赛事社会影响的形成与控制［J］．体育科研，2016，37（3）：72－75．

［76］黄华锋．基于幸福感与满意度的江门公众幸福指数实证研究［D］．广州：华南理工大学，2011．

［77］黄卓，孙中亮，陈圣逸，等．社会体育文化发展下的国民幸福感问题比较研究——基于部分城市（2013—2015）数据的调查分析［J］．武汉体育学院学报，2017，51（12）：30－36．

［78］黄卓，周美芳，郝建平，等．经济增长背景下社会体育文化发展的国民幸福感问题研究——基于 12 座城市（2013—2015）数据的调查分析［J］．北京体育大学学报，2017，40（2）：17－23．

［79］嵇月婷，林艳．国民幸福感的影响因素分析［J］．改革与开放，2012（16）：89．

［80］姜奇平．从数字鸿沟到幸福鸿沟——黄有光《东亚快乐鸿沟》评介［J］．互联网周刊，2003（43）：72－73．

［81］蒋惠珍．体育锻炼对高校教师主观幸福感的影响［J］．浙江体育科学，2008，30（3）：56－59．

［82］蒋团标，朱玉鑫．省际亲贫式支出对国民幸福水平影响的差异化研究［J］．经济理论与经济管理，2013（3）：39－50．

［83］黎昕，赖扬恩，谭敏．国民幸福指数指标体系的构建［J］．东南学术，2011（5）：66－75.

［84］李丰祥，王圣．体育需求属性阐释［J］．武汉体育学院学报，2005（7）：1－3.

［85］李刚，王斌，刘筱慧．国民幸福指数测算方法研究［J］．东北大学学报（社会科学版），2015，17（4）：376－383.

［86］李洪坤，陈立农．中日美三国大众体育发展的比较研究［J］．广州体育学院学报，2000，20（1）：27－31.

［87］李相如，古若米，丹尼贾克，等．欧美国家休闲体育发展现状及其对中国的启示（英文）［J］．成都体育学院学报，2017，43（4）：8－22.

［88］李杏．幸福指数指标体系建构［J］．决策与信息（财经观察），2008（11）：144－145.

［89］李宗述．论体育康复的特点和作用［J］．成都体育学院学报，1995，21（2）：73－76.

［90］梁文荣，高孝娥．大渡口区群众幸福感调查报告［J］．重庆统计，2010（12）：9－12.

［91］梁文．系统化的日本大众体育［J］．北京体育大学学报，1994（4）：1－7.

［92］林洪，李玉萍．国民幸福总值（GNH）的启示与国民幸福研究［J］．当代财经，2007（5）：14－17.

［93］林洪，孙求华．中国国民幸福统计研究十年简史［J］．统计研究，2013，30（1）：37－43.

［94］林伟刚．日本的体育设施建设及其启示［J］．体育文化导刊，2013（12）：69－72.

［95］林显鹏，刘云发．国外社区体育中心的建设与经营管理研究——兼论我国体育场馆建设与发展思路［J］．体育科学，2005，25（12）：12－16，27.

［96］林燕芳．经济增长中的最优转移支付——基于空间外部性视角［D］．杭州：浙江财经大学，2015.

［97］蔺丰奇．新标尺——国民幸福指数［J］．中国国情国力，2006（7）：29－31.

［98］刘笃涛，马效萍．患病大学生体育保健教学的实践与探讨［J］．中国校医，2003，17（6）：563－564.

［99］刘国风，李军．城镇居民幸福指数的准确测度——兼议提升居民整体幸福水平之见解［J］．河北经贸大学学报，2012，33（6）：90－95.

［100］刘国华，潘家武，杜鹏．安徽省体育保健康复类技能型人才需求情况的调查与分析［J］．安徽体育科技，2012，33（4）：78－80.

［101］刘军强，熊谋林，苏阳．经济增长时期的国民幸福感——基于CGSS 数据的追踪研究［J］．中国社会科学，2012（12）：82－102，207－208.

［102］刘黎明，李广周．体育保健与康复初论［J］．四川三峡学院学报，1999（2）：83－86.

［103］刘米娜．体育如何让人幸福？——体育参与对主观幸福感的影响及其机制研究［J］．体育与科学，2016，37（6）：27－39.

［104］刘名远．北京市高新技术企业职工休闲体育的发展研究［D］．北京：首都体育学院，2011.

［105］刘鹏．大力加强体育文化建设［J］．求是，2012（4）：50－52.

［106］刘书元，王智慧．大型体育赛事的举办对 GNH 的影响及相关测量指标体系的初步构建［J］．北京体育大学学报，2007，30（12）：1619－1621.

［107］刘晓霞，邢占军．城市女性群体主观幸福感研究［J］．山东师范大学学报（人文社会科学版），2007，52（3）：136－139.

［108］刘彦．大型体育赛事对城市经济和社会发展的推动作用［J］．南京体育学院学报（社会科学版），2008（3）：49－52.

［109］刘怡君．国民幸福指数研究综述［J］．商，2013（5）：243.

［110］刘媛媛，幸福感语境下的广州市大众体育文化发展对策探析［J］．南京体育学院学报（社会科学版），2015，29（5）：58－63.

［111］鲁元平，张克中．社会流动影响居民幸福感吗——来自中国转型期的经验证据［J］．财经科学，2014（3）：96－107.

［112］陆一帆，梁林，方子龙．健康与住宅——健康社区中体育规划的

理论与实践［M］.北京：北京体育大学出版社，2004.

［113］罗楚亮.城乡分割、就业状况与主观幸福感差异［J］.经济学（季刊），2006，5（3）：817－840.

［114］罗建文，赵嫦娥.论居民幸福指数的评价指标体系及测算［J］.湖南科技大学学报（社会科学版）.2012，15（1）：43－51.

［115］马娃君.公民自豪感的可视化研究——以2010年广州亚运会为例［D］.广州：广东工业大学，2018.

［116］倪鹏飞.中国城市竞争力报告/No.7（城市：中国跨向全球中）［M］.北京：社会科学文献出版社，2009.

［117］倪同云.国际大众体育发展趋势的研究［J］.体育科学，1998（3）：8－11.

［118］诺丁斯.幸福与教育［M］.龙宝新，译.北京：教育科学出版社，2012.

［119］彭延春，常蕾.2008年奥运会成功举办对北京市民幸福指数的影响［J］.体育与科学，2009，30（1）：24－27.

［120］亓寿伟，周少甫.收入、健康与医疗保险对老年人幸福感的影响［J］.公共管理学报，2010，7（1）：100－107，127－128.

［121］钱伟良.日美社区体育中心建设的比较研究——兼谈对我国社区体育中心建设的启示［J］.成都体育学院学报，2010，36（2）：37－39.

［122］邱妍.城市健身休闲空间满意度体验研究——以福州市经营性健身休闲空间为例［D］.福州：福建师范大学，2015.

［123］日本文部科学省.体育・スポーツ施設現況調査の概要［Z］.2008：1－6.

［124］萨缪尔森，诺德豪斯.经济学［M］.萧琛，主译.18版.北京：人民邮电出版社，2008.

［125］沈建华，肖锋.大型体育赛事对城市形象的塑造［J］.沈阳体育学院学报，2004，23（6）：744－746，785.

［126］舒浪.主观生活质量研究综述［J］.群文天地，2011（12）：247，249.

［127］孙凤．性别、职业与主观幸福感［J］.经济科学，2007（1）：95－106.

［128］孙佳杰．兰州市城镇化建设中社区体育设施与居民活动现状及对策研究［D］.兰州：兰州理工大学，2014.

［129］孙泽野．中国郑开国际马拉松赛对城市发展影响的研究［D］.郑州：河南大学，2011.

［130］汤凤林，甘行琼．中国居民幸福感影响因素分析［J］.统计与决策，2013（24）：87－90.

［131］唐毅．高校教师幸福指数体系和模型构建研究［D］.湘潭：湘潭大学，2008.

［132］万俊人．什么是幸福［J］.道德与文明，2011（3）：32－35.

［133］万俊人．幸福面面观［J］.金融博览，2012（3）：24－25.

［134］汪全先．富民强国目标下民生体育建设的路径研究［J］.城市建设理论研究（电子版），2012（16）：1－6.

［135］王婵娟．体育文化发展对地方经济的积极作用及影响——以东阳市为例［J］.当代体育科技，2018，8（32）：217－218.

［136］王程．民族传统体育与提高国民幸福指数之审视［J］.社会科学家，2008（12）：61－63.

［137］王慧红，陈楠．中国幸福指数的构建［J］.商业经济与管理，2008（6）：70－74.

［138］王凯．新时代体育治理体系与治理能力现代化建设的政府责任——基于元治理理论和体育改革实践的分析［J］.体育科学，2019，39（1）：12－19，34.

［139］王琦．健康中国引领下的我国体育院校运动康复专业人才培养研究［D］.济南：山东大学，2018.

［140］王勤宇，冯青山，兰文婷，等．论在全民健身运动中体育保健知识普及的必要性［J］.山西大同大学学报（自然科学版），2017，33（5）：75－78.

［141］王维川．国际大众体育的发展及我们的对策［J］.福建体育科技，1989（1）：15－18.

［142］王艳琴，李荣坤．边沁的功利主义伦理观的快乐计算［J］.邢台职业技术学院学报，2007，24（2）：62－64.

［143］王瑶芬．日本新运动商品　让消费者"动"起来［J］.文体用品与科技，2004（5）：54－55.

［144］王智慧．大型体育赛事举办后对承办地区居民幸福指数影响的实证研究［J］.体育科学，2012，32（3）：28－38.

［145］王子朴，杨铁黎．体育赛事类型的分类及特征［J］.上海体育学院学报，2005，29（6）：24－28.

［146］魏德样．日本基层大众体育体制对我国社区体育建设的思考［J］.哈尔滨体育学院学报，2006（2）：53－55.

［147］吴良镛．人居环境科学导论［M］.北京：中国建筑工业出版社，2001.

［148］吴淑凤．多元视野中幸福理论及其对主观生活质量研究的现实意义［J］．武汉大学学报（哲学社会科学版），2004，57（5）：588－593.

［149］吴运明．中医养生观指导下的体育保健对大学生抑郁状态的影响［J］.长春中医药大学学报，2013，29（5）：948.

［150］武胜奇．体育赛事文化提升幸福广东建设的路径研究［J］.商丘师范学院学报，2017，33（3）：76－78.

［151］奚恺元，等．2005年中国城市及生活幸福度调查报告［N］.东方报，2006－01－16.

［152］向晶．幸福的本源追问及教育的使命［J］.全球教育展望，2009，38（7）：41－44.

［153］肖雅文．河南省高校硕士研究生体育锻炼对幸福指数的影响因素研究［D］.新乡：河南师范大学，2013.

［154］邢占军．不丹的国民幸福总值测算与启示［J］.东岳论丛，2013，34（6）：64－70.

［155］邢占军．国民幸福：执政理念与评价指标［J］.中共杭州市委党校学报，2007（3）：4－6.

［156］邢占军，金瑜．城市居民婚姻状况与主观幸福感关系的初步研究

［J］.心理科学，2003，26（6）：1056－1059.

［157］邢占军，金瑜.国有企业职工对改革的态度研究［J］.应用心理学，2001，7（2）：11－16，27.

［158］邢占军，张友谊，唐正风.国有大中型企业职工满意感研究［J］.心理科学，2001，24（2）：191－193，255.

［159］徐兰君，付吉喆，宋玉红.二战后英国大众体育发展战略的变迁［J］.曲阜师范大学学报（自然科学版），2012，38（3）：109－112.

［160］徐昕.幸福指数刍议［D］.上海：复旦大学，2008.

［161］许志敏，吴建平."路怒症"的心理学理论与实践［J］.品牌（下半月），2015（1）：278.

［162］薛亮.我国体育产业与经济发展的协整分析［J］.长沙理工大学学报（社会科学版），2017，32（3）：110－116.

［163］薛忠祥.20年来我国教育价值取向研究述评［J］.教育科学研究，2009（11）：20－23，39.

［164］闫华，陈洪.日本、中国体育设施建设与发展措施的比较研究［J］.山东体育学院学报，2006，22（6）：18－21.

［165］杨磊.2008年北京奥运会和国民体育价值观互动关系研究［D］.山东：曲阜师范大学，2006.

［166］杨玉珍，舒良友.河南省体育产业发展的探讨［J］.商场现代化，2007（17）：246－247.

［167］姚安全.大学生体育锻炼、乐观人格和主观幸福感的关系研究［D］.郑州：郑州大学，2011.

［168］姚晓宁，黄红云.武汉公务员幸福指数调查［J］.决策，2010（7）：42－44.

［169］殷强.我国公共投资与经济增长的实证分析［J］.社会科学家，2007（5）：81－83，91.

［170］尹志红.老年人体育锻炼提升主观幸福感相关性研究［D］.南昌：江西师范大学，2010.

［171］于凡.情报研究的实用方法——层次分析法简介［J］.情报知识，

1989（1）：26 - 29，41.

［172］余方云．日本社会体育发展现状与趋势［J］.中国体育科技，2004，40（3）：53 - 54.

［173］余纪元，朱清华．亚里士多德论幸福：在柏拉图的《国家篇》之后［J］.世界哲学，2003（3）：94 - 105.

［174］俞琳，曹可强．国外公共体育服务的制度安排［J］.上海体育学院学报，2013，37（5）：23 - 26.

［175］虞荣娟．中美德日大众体育比较研究［J］.体育文化导刊，2010（4）：40 - 44.

［176］袁跃，甄国栋．试论全民健身与国民幸福指数的关系［J］.体育文化导刊，2013（8）：28 - 30，34.

［177］曾鸿，赵明龙．城市居民幸福指数指标体系构建及综合评价［J］.商业时代，2012（14）：19 - 21.

［178］张程锋．上海市杨浦区延吉街道政府购买社区体育赛事服务的评价——基于参与居民主观幸福感视角［D］.上海：上海体育学院，2015.

［179］张凤珍，李卫平，谢忠萍．现代社会体育与提升国民幸福指数关系初探［J］.体育与科学，2007，28（5）：52，57 - 58.

［180］张静平，叶曼，朱诗林．贫困地区老年人幸福感指数及其影响因素［J］.中国心理卫生杂志，2008，22（2）：126 - 128.

［181］张陆，佐斌．自我实现的幸福——心理幸福感研究述评［J］.心理科学进展，2017，15（1）：134 - 139.

［182］张现成．广州居民对亚运举办民生举措的知觉和满意度及其对凝聚力的影响［D］.武汉：华中师范大学，2011.

［183］张永龙，储龙霞，赵先卿，等．中日社会体育指导员比较研究［J］.体育文化导刊，2008（9）：88 - 91.

［184］张羽，邢占军．大学生群体主观幸福感的初步研究［J］.青少年研究（山东省团校学报），2005（4）：7 - 9.

［185］赵新宇，范欣，姜扬．收入、预期与公众主观幸福感——基于中国问卷调查数据的实证研究［J］.经济学家，2013（9）：15 - 23.

［186］赵新宇，高庆昆．公共支出与公众主观幸福感——基于吉林省问卷调查的实证研究［J］.财政研究，2013（6）：13－16.

［187］郑甲男，钱道明，王凤仙．体育文化促进新型城镇化建设创新研究的思考［J］.体育世界（学术版），2018（11）：77，79.

［188］钟秉枢，李相如，刘平江，等．全球化的变革：运动休闲的机遇与发展——2015年世界休闲运动娱乐教育协会学术大会暨休闲体育北京论坛综述［J］.运动，2015（13）：1－2.

［189］钟永豪，林洪，任晓阳．国民幸福指标体系设计［J］.统计与预测，2001（6）：26－27.

［190］周纪全．上海社区体育赛事对参与居民幸福感影响的实证研究［D］.上海：上海体育学院，2016.

［191］周四军，庄成杰．基于距离综合评价法的我国国民幸福指数NHI测评［J］.财经理论与实践，2008（5）：112－115.

［192］周学荣，江波．国外大众体育志愿服务发展的经验与启示［J］.体育与科学，2005（4）：59－61.

［193］周莹，申萍．中、日、韩居民闲暇体育活动倾向的比较研究［J］.中国体育科技，2001（11）：43－45.

［194］周永明，龚斌．国内外大众体育成功发展模式的启示［J］.体育成人教育学刊，2007（2）：22－24.

［195］朱昱晓．扬州鉴真国际半程马拉松参赛者运动动机与主观幸福感的相关性研究［D］.扬州：扬州大学，2018.

［196］朱振国，姚士谋．一个城市的"绿色革命"——构最佳人居环境创南京生态古城［J］.信息导刊，2004（3）：24－25.

［197］庄连平，李晶．基于相关性分析的广义国民幸福指数的构建［J］.统计教育，2008（8）：36－40.

［198］庄晓平，李明珠．广州市居民对亚运会影响感知的调查与分析［J］.体育学刊，2011，18（3）：48－52.

后　记

随着群众休闲与健康意识的提升，生活水平提高和居民健康知识的普及，国民的健康与健身意识不断增加，拥有健康体魄、享受幸福生活，成为居民的重要诉求。由于人民日益增长的美好生活需要和不平衡不充分的发展之间的矛盾已经成为我国社会的主要矛盾，增进民生幸福成为社会发展的根本目的，为顺应这一历史性变化，公共体育必须研究如何在发展中保障和改善居民幸福。

全民健身与民生幸福息息相关，全民健身可以增强人民的心理素质，提升人民的幸福感。大量实践表明，公共体育对民生幸福提升具有积极作用。通过加强公共体育，可以有效提升民众的富裕感，提高民众对社会的认同感和公平感，提升民众的愉悦感，激发民众的自豪感以及提升居民健康幸福指数。

本研究总结了国内外发展经验，开发了公共体育影响民生幸福的研究维度，通过专家意见和层次分析比较筛选，确定了 5 个一级指标和 33 个二级指标。依据 2014—2017 年江苏省率先创建省级公共体育服务体系示范区建设数据，采用 12 个公共体育服务指标测算了南京、苏州、无锡、常州、镇江、扬州、淮安、连云港、盐城的公共体育服务指数对民生幸福指数的拉动情况。计算发现，江苏省公共体育服务指数对民生幸福指数具有拉动作用，江苏省公共体育核心要素投入与民生幸福密切相关。本研究分析了江苏省公共体育服务指数对民生幸福指数拉动的影响及存在的问题，特别是苏南、苏中、苏北三大区域不均衡问题，并就如何提升江苏省公共体育服务指数对民生幸福指数的拉动作用提出了对策建议。

　　本著作是国家体育总局群体司委托的研究课题的成果，课题由江苏省体育局、南京财经大学、江苏省公共体育发展研究院联合承接。南京财经大学乔均教授、胡娟教授、杨靖三副教授等承接完成。乔均教授设计和总撰了整个研究提纲，乔均、刘国永对全书进行了审校；南京财经大学营销与物流管理学院的研究生李海友、任梦霞、史慧慧、叶近缘等参与了课题资料的收集与整理。乔均教授执笔撰写了第一章、第二章、第三章、第四章、第九章；胡娟教授执笔撰写了第七章、第八章；杨靖三副教授执笔撰写了第五章、第六章。本课题研究过程中，无论是章节内容的安排，还是江苏省各个地市实证数据的获得，均得到了江苏省体育局的帮助。国家体育总局群体司领导、江苏省体育局领导及群体处同志多次参与课题讨论。本课题的研究及出版经费得到了国家体育总局群体司、江苏省体育局以及江苏省教育厅工商管理优势学科的资助，本书出版得到了南京财经大学科技处、中国财富出版社有限公司的大力支持，在此一并致谢。

乔　均

2020 年 12 月 12 日